Liebe, Sex, Pop, Kosmos

Berthold Chales-de Beaulieu

Liebe, Sex, Pop, Kosmos

Über den Autor

Der Autor ist seit über fünfzig Jahren Heilpraktiker – und im neunundachtzigsten Lebensjahr immer noch voll und ganz in seiner Heilpraxis tätig. Mit seiner großen Praxiserfahrung, auch auf dem Gebiet der Liebe, und dem Wissen um Esoterik sowie Leben und Sterben hat er in dieser Abhandlung ein Meisterwerk verfasst.

Bekannt geworden ist er nicht nur durch seine ganz besondere schmerzlose Chiropraktik, sondern auch durch seine diversen Bücher.

Genau wie dieses Buch sind all seine Werke in einem erfrischenden, unkomplizierten Stil geschrieben, der dem Leser den z. T. schwierigen Stoff in einem lockeren Plauderton nahezubringen vermag. Er studierte zwar in Hamburg und Tübingen Chemie, Physik und Mathematik, hat diese Laufbahn jedoch verlassen, um – aus Überzeugung – Heilpraktiker zu werden. Während des Krieges opferte er in Russland sein linkes Bein dem Vaterland, was die Ursache für sein medizinisches Interesse auf biologisch-natürlicher Basis ist.

Bibliografische Information der Deutschen Nationalbibliothek:
Die Deutsche Nationalbibliothek verzeichnet diese Publikation in der Deutschen Nationalbibliografie;
detaillierte bibliografische Daten sind im Internet über
http://dnb.d-nb.de abrufbar.

© 2010 Berthold Chales-de Beaulieu
Satz, Umschlaggestaltung, Herstellung und Verlag:
Books on Demand GmbH, Norderstedt
ISBN: 978-3-8391-5564-6

Vorwort des Autors

Zu diesem Buch inspiriert wurde ich durch die außerordentlich vielen Krankheitsschicksale und zerrütteten Ehen, die offenbar vergeblich versucht haben, die Ursachen ihrer Probleme auf diesem sensiblen Gebiet zu überwinden. Mir ist schlagartig klar geworden, dass dieses Thema sich als viel größer erweisen würde, als ich vermutet hatte.

Man glaubt als Laie ja gar nicht, wie viele Zettel und Anmerkungen sich bei einer solchen Unternehmung anhäufen, die neu geordnet, wieder verworfen und dann erneut geordnet werden müssen. Meine Sondierungen haben es schließlich ermöglicht, ein Buch so zu gestalten, dass es nicht nur lesenswert ist, sondern auch Hilfe, Orientierung und Freude am Lesen vermitteln soll. Knapp ein Viertel meiner Zettelwirtschaft hat schließlich überlebt, und das liegt jetzt vor dir, lieber Leser. Ich hoffe, du kommst damit zurecht und findest etwas Nützliches und Erfreuliches.

Entschuldige, wenn ich Sie mit **Du** angeredet habe und das auch weiter tun werde. Das Recht dazu nehme ich mir heraus, weil die Thematik sensibel und persönlich sein wird. In diesem Sinne übergibt dir Berthold Chales-de Beaulieu, der Autor dieses Buches, eine Anleitung für Neuorientierung deines Lebens.

An Rheuma und Liebe glaubt man erst, wenn man davon befallen ist.

Was eigentlich bezeichnet man als Liebe?

Ach du meine Güte, existieren doch so viele Definitionen für Liebe – und ebenso oft wird dieser Begriff missverstanden oder gar verunstaltet. Woran das liegt, fragst du. Die Antwort lautet: Allein deswegen, weil Liebe verwechselt wird mit Sex. Mein alter Lehrer sagte einmal zu mir:»90 Prozent der Menschen kennen nur den Sex und wissen nicht einmal, wie Liebe geschrieben wird.«

Selbst Goethe, Schiller und viele andere große Denker haben DIE Antwort dafür nicht gefunden.

Was sagt der Volksmund dazu?

Patient E. v. H.:
»Über die Liebe lächelt man, bevor sie einen selber erwischt. Sie überwindet sogar den Tod, wobei es vorkommt, dass eine lächerliche Kleinigkeit sie stolpern lässt.«

Patientin G. S.:
»Sie kann den Kummer teilen, den man hoffentlich meistens nicht hat.«

Oberschüler G. N.:
»Liebe ist, wenn deine Neuronen zu denen deines Partners passen.« (Sehr cool!)

Patient P. P.:
»An Liebe und Rheuma glaubt man erst, wenn man davon befallen ist.«

All das sind tolle Umschreibungen, die uns nicht zu sagen vermögen, was Liebe wirklich ist.

Ich frage dich also: Was verstehst denn du unter dem Begriff **LIEBE?**

»Hm, ja, Liebe ist, wenn man ...« Lange Pause.

Na ja, so ungefähr habe ich mir das vorgestellt. In dem Fall muss ich dann wohl in den sauren Apfel beißen; denn ich vermute, du kannst mir nicht auf die Schnelle eine passende Definition servieren – und ich gebe zu, dass es wirklich nicht ganz einfach ist.

Also, na ja, dann los – und ich hoffe, dass ich dir eine verständliche Erklärung geben kann.

Fragen wir doch einmal umgekehrt: Ist Liebe das Gegenteil von ... ja, wovon denn? Etwa von Hass oder gar Wildheit oder Wut?

Doch so ganz stimmt das wohl nicht, wobei Hass durchaus ein Aspekt des Gegenteils sein könnte. Was aber wäre dann mit dem anderen Bereich: der Wut? Wut, nö, die ganz bestimmt nicht, aber Hass, du weißt anscheinend auch nicht so recht. Sollte es etwa Gleichgültigkeit sein? Wut, denke ich, liegt auf einem ganz anderen Sektor, auf den wir noch zu sprechen kommen werden.

Zwei kontroverse Begriffe, Hass und Gleichgültigkeit, als ein Gegenpol zum Terminus LIEBE, wie soll man denn das verstehen?

Diese beiden Begriffe sind wie viele andere auch typische Ausdrucksformen erd- und materiegebundener Schwingungsebenen unserer technischen Welt, und das ist es! Liebe gehört jedoch nur am Rande zu unserer materiellen Welt. Sie ist kosmisch-göttlicher Natur und gehört einer Welt an, in der Sprache nicht materiegebunden ist. Im Jenseits ist der Gedanke die Verbindung zwischen den Wesenheiten. Wie solltest du, mein Freund, also fähig sein, mit unseren weltlichen Worten auszudrücken, was Liebe ist? Jetzt dürftest du auch begreifen, warum Liebe mit oft platten bis gemeinen Worten umschrieben wird. Wie so vielen Menschen fehlt einem einfach die Möglichkeit, jenseits unserer Materie zu denken, und schon gar, sich dementsprechend auszudrücken. Die Folge: Es wird vereinfacht und banalisiert und schlicht mehr oder weniger alles dem Sex zugeordnet.

Wie kann man zum Beispiel »Liebe machen«? Selbst beim Sex ist man oft ohne Ästhetik und Feinempfinden. Man redet von Ficken, Fuck und Poppen und ähnlich verzerrenden Wortgebilden, die ohne Sinn und Verstand eine kümmerliche Geisteshaltung symbolisieren; fantasielos wie die vielen Sprayer, die nichts anderes an die Wände zu projizieren vermögen als ihre eigenen Initialen, oder bestenfalls noch sexuelle Vorstellungen, die sie wahrscheinlich nicht einmal imstande sind zu tätigen. Seid ihr Farbenkleckser nicht in der Lage, wenn es schon sein soll, Donald Duck oder Charlie sowie schöne Landschaften oder symmetrische Muster an die Autobahnbrücken zu zaubern? Wäre es nicht schön, wenn jeder Vorbeifahrer ein wenig lächeln könnte, zumal die Schallschutzwände schließlich auch nicht gerade sehenswert sind? Das wäre nämlich das, was vielen Menschen fehlt. Seid ihr denn unfähig, dem Leben Schönheit und Qualität abzugewinnen oder zu schenken? Das könnte zum Beispiel echte Liebe ausdrücken.

Wenn ihr schon etwas ausdrücken wollt, was den Sex betrifft, dann haltet euch doch an die Gesetze der deutschen Sprache: Bei Vögeln sprecht ihr wie selbstverständlich vom Vögeln und übertragt das in eurer Verlegenheit auf den Menschen. Wie wäre es, wenn ihr wenigstens logischerweise vom **Mescheln** sprechen würdet? Gleiches ließe sich entsprechend auf andere Spezies anwenden, wie z. B. **hundeln** oder gar **schweineln**.

Der Fantasie sind hier keine Grenzen gesetzt. Ausdrücke für die Geschlechtsteile klingen ebenso fantasielos: Fotze für das Tal der Freude; gut, manche sagen Muschi dazu, ist wenigstens etwas freundlicher. Penis etwa als Schwengel oder Dittel zu bezeichnen … Da sticht OTTO im Fernsehen ja mit seinem Schnippel-Dillerich wenigstens humorvoll und versöhnlich hervor. Sag selbst, ist das nicht kümmerlich?

Gott hat euch Menschengestalt geschenkt, eine wunderbare Zugabe. Dabei scheinen Intelligenz und Geist leider nicht sehr häufig angekommen zu sein. Muss man denn immer nur an Schlafen, Fressen, Topf denken? Na gut, Arbeit, lästig genug, auch noch.

Lieber Gott, was machen die Menschen daraus? Geld und Technik haben sie überheblich werden lassen, sodass sie meinen, klüger als **Dein Alles Sein** sein zu können. Die einen meinen deswegen, sie müssten die Macht beanspruchen, während die anderen sich das alles gefallen lassen; beide merken nicht, wie sie täglich an all den vielen Wundern Gottes vorbeilaufen. Ist es etwa kein Wunder, dass sich täglich 80 Milliarden Zellen unseres Körpers erneuern, dass jede Zelle über 70 lebendige Funktionsstoffe, Fermente und Vitalkörperchen produziert, von denen jedes in Bruchteilen von Sekunden weiß, was es jetzt – und nicht irgendwann – zu tun hat?

Ein einziges Fingerschnippen bedeutet Funktionsketten von über 10 000 Nachrichten in weniger als einer Tausendstelsekunde.

Liebe, ein Wunder, kaum zu fassen!

Wenn wir das tun, wozu wir in der Tiefe unserer Seele berufen sind, erst dann berühren wir das wirkliche Leben. Gleichgültig, ob Single oder schon in einer Partnerschaft verbunden, ich möchte versuchen zu beschreiben, wie man sich in der Begegnung beglückend auf den Partner und die Liebe einschwingen kann. Warum ist das für eine spätere Beziehung unverzichtbare Voraussetzung? Nun, weil immer der erste Eindruck für Lebensglück oder Unglück in allen Schattierungen entscheidend ist.

Mein Freund Manfred Gregor, ein berühmter Astrologe, ist in der Lage, die Stationen auf deinem Lebensweg zu markieren. Liebe, Charakter und wirtschaftliche Aspekte spielen dabei die Hauptrolle. Er vergisst dabei niemals anzumerken, dass dir in jedem Falle deine Entscheidung frei steht, wie du diese Stationen anlaufen wirst. Dein Horoskop ist keine Lebensversicherung. Der Weg zur Liebe leider auch nicht. Und von wem, bitte schön, hängt das ab? Ganz sicher nicht vom Schornsteinfeger.

Was macht eine glückliche Partnerschaft aus?

Praktisch jeder Mensch wünscht sich eine stabile und glückliche Partnerschaft. Allerdings sind die Anforderungen an den Partner oder die Partnerin auf fast allen Ebenen seit jeher hoch, und sie steigen immer mehr. Zahlreiche Paare sind damit offensichtlich überfordert. Grund genug für diese Abhandlung.

Wenn du möchtest, dass dein Gegenüber das Herz öffnet, öffne zuerst das deine. Dieser kann nichts tun, was du nicht zu tun vermagst. Du bist der Spiegel. Und selbst wenn er es zuerst täte, könntest du es nicht spüren, wenn du dein Herz nicht geöffnet hast. Ist deine Geldbörse gefüllt, kannst du dir dafür etwas kaufen. Bist du selbst glücklich, gelingt es dir auch, Glück auszugeben. Tja, so verhält es sich ebenso mit der Liebe. Bist du mit dir im Reinen und glücklich, kannst du Glück geben oder – besser noch – verschenken. Sage jetzt nur nicht, dass Butter teurer ist als Liebe. Nein, sie ist unbezahlbar, braucht jedoch immer den passenden Partner.

Liebe ist nicht ein, sondern das einzige Mittel, um glücklich zu machen. Wie viel anders ist das schon, wenn du spazieren gehst mit ihm oder ihr oder wenn du gar deine Freundin küsst; und was muss alles passieren, wenn du liebst, geschweige denn, wenn du nur – oder auch – sexuelle Absichten hegst. Vorangehen sollte vor allem die gekonnte Liebeswerbung, je geistvoller sie daherkommt, umso eher wird man erkennen, ob wirklich Liebe im Spiel ist. Diese kann jedoch erst voll zur Entfaltung kommen, wenn entsprechende Schwingungen zu antworten vermögen.

Ich habe den Eindruck, dass bei den meisten Menschen ihr Liebesverhalten allmählich auf den Betrieb einer Lust- und Besamungsanstalt hinausläuft. Wäre man abergläubisch, müssten wir dauernd schwarze Katzen über die Straßen flitzen sehen. Im Krieg bei den älteren Soldaten sprach man von STUKA-Männern, die wie die Sturzkampfflugzeuge ihre sexuellen Bedürfnisse befriedigten: zustoßen und verschwinden, ein Bild, das auch heute noch überwiegend von vielen Männern beim Sex praktiziert wird.

Wunder über Wunder schenkt dir dein rechtes Liebeswerben; aber auf jeden Fall erst dann, wenn du dir in deiner Entwicklung klar geworden bist, was überhaupt Schwingung bedeutet. Damit meine ich nicht den technischen Begriff, den du aus Radio und Fernsehen oder aus der Disco kennst, sondern das Gefühl, das aus dem Herzen kommt und nichts zu tun hat mit knackigem Po, wohlgeformtem Busen und blonden Haaren, ohne Rettungsringe um die Hüften. Ausschließlich die Augen können entscheiden, ob das Herz dich anstrahlt oder nicht. Die Schmetterlinge im Bauch sind nicht das Kriterium!

Auf keinen Fall darfst du, wenn du schon sexuelle Erfahrung haben solltest, versuchen, diese in den Vordergrund zu stellen.

Vermittle der erwählten Partnerin das Gefühl, begehrt zu werden. Bilde dir nicht ein, dass dein Bankkonto oder Auto würdig genug ist, Liebe zu garantieren; das reicht allenfalls zum Sex.

Liebe:»Drum prüfe, wer sich ewig bindet, ob sich das Herz zum Herzen findet!«, eine gute alte Volksweisheit. Bist du dir jedoch nicht ganz sicher und trotzdem zielstrebig, eine Liebe anzustreben, gehört dazu nicht nur deine Absicht, sondern auch eine große Sympathie oder mindestens eine weitgehende biorhythmische Übereinstimmung. In diesem Fall könnte dir eine biorhythmische Berechnung eine bis zu 90-prozentige Garantie geben, ob eine solche vorhanden ist oder nicht. Versuche zu diesem Zweck, das Geburtsdatum zu erfahren. Dein Geburtsdatum gehört natürlich ebenso dazu, und ich vermute, dass dir das geläufig ist. Es gilt auch hier nach wie vor: Drum prüfe, wer sich ewig bindet … Dann brauchst du dir wegen Eifersucht oder Missverständnissen keine Sorgen zu machen.

Echte Liebe ist gar nicht imstande, Eifersucht zu produzieren! Wer jedoch sein Gefühl in diesem Zusammenhang verloren hat, sollte auch hier sicherheitshalber zur biorhythmischen Berechnung greifen, die zuverlässig aussagen kann, wie gut oder schlecht man zusammenpasst. Die Biorhythmik ist in diesen zweifelhaften Fällen wichtiger als der Drang nach Sex, was leider meistens zu spät erkannt wird, sodass man sich selbst nicht mehr wiedererkennt. Wo ist denn bloß der Himmel geblieben und woher kommt so viel Regenwetter? Tröste dich, dir geht es nicht alleine so. Da nützt auch kein Regenschirm der Deutschen Bank, selbst wenn er noch so schön tanzt.

Sollte es sich jedoch **nur** um Sex handeln, was keinesfalls ein Verbrechen ist, ganz im Gegensatz zur allgemeinen öffentlichen Meinung, wird das im kosmischen Sinne als alltägliches Ereignis gewertet, weswegen man daraus kein Drama machen sollte.

Die passende Vorsorge für mögliche Folgen ist dann natürlich unverzichtbar. Neun Monate können nämlich lang sein! Schau dich lieber einmal nach der Biorhythmik um.

Biorhythmik

Schaut man sich die biorhythmischen Berechnungen von Ehepaaren an, wird einem sehr schnell klar, dass viele Ehepaare nicht gut oder gar nicht zusammenpassen; und wenn sich dann der eine oder andere Ehepartner seine Befriedigung woanders holt, was zu seinem Hormonhaushalt notwendig ist, bedeutet das durchaus keine eheliche Störung, und die kosmische Ordnung bleibt, wie sie sein soll, ungestört – was ansonsten keinesfalls Ursache im Rahmen der Eifersucht sein muss, dummerweise aber leider die Regel ist.

Diese negative Eigenschaft fügt im Ernstfall beiden, Verursacher und Betroffenem, schweren Schaden zu. Liebe auf diese Weise zu verletzen kommt der Beerdigung eines lieben Menschen gleich. Der Kosmos denkt da anders als eine eifersüchtige Ehefrau oder ein eifersüchtiger Ehemann. Selbstverständlich ist es nicht gerade erfreulich, seinen Konkurrenten gerade im eigenen Bett oder im Kleiderschrank vorzufinden, wobei es sich dabei nicht nur um schlechtes Timing handelt, sondern auch um erhebliche Niveaulosigkeit.

Abgesehen davon: Was ist bei Sex ohne Liebe denn so schlimm? Es handelt sich in jedem Falle nicht um gewollte Schöpfung, schon gar nicht um Liebe. Es ist doch **nur** Sex und nicht mehr als »Spaß an der Freud«, ein außergewöhnliches, rein materielles Festessen, eben nicht zu Hause. Leider manchmal auch nicht ohne neunmonatige Folgen. (Schau dir zu diesem Thema bitte die am Schluss gezeigten Folgen über Abtreibung an.) Vergiss also nicht vorzusorgen. Als bestes Verhütungsmittel bekommst du in der Apotheke ein Minimikroskop, in das eine durchsichtige kleine Schublade, befeuchtet mit deinem Speichel, eingeschoben wird. Schaust du durch die Optik, kannst du erkennen, ob Fruchtbarkeit oder Unfruchtbarkeit den Tag beherrscht.

Verstehe Sex jedoch bitte nicht als Selbstbedienungsladen, und schon gar nicht als Liebe. Auch Sex ist ein Geschenk des Kosmos und will nicht als drittklassig abgehandelt werden. Nun wird es ein wenig kompliziert, aber da musst du wohl durch. Jeder Mensch hat von seinem Geburtstag an drei unterschiedliche rhythmische Schwingungen mitbekommen, die man grafisch als Wellen darstellen kann. Diese werden in der Fachsprache als Sinuskurven bezeichnet, die bei jedem Menschen drei verschiedene Längen aufweisen, wobei deren eine Hälfte im Plus und die andere im Minus liegt. Diese Sinuskurven winden sich um die sogenannte Abszisse, die waagerechte Nulllinie. Der erdgebundene Rhythmus von **23 Tagen** wird dem männlichen Geschlecht zugerechnet. Autofahren, Leistung, Technik und schwere Arbeit kennzeichnen diese Sinusschwingung halb im PLUS und halb im MINUS. Die weibliche Schwingung ist am bekanntesten. Sie währt **28 Tage**. Ihre Sinuskurve wird auch Mondrhythmus genannt. Weitgehend pendelt die Frau mit ihrer Menstruation in diesem Schwingungsbereich. Das ist die Zone der Psyche, in der auch die Sexualität beheimatet ist. Diesem Rhythmus unterliegen unter anderem die Tränen, die Küche mit ihren Kochkünsten und natürlich ebenso das Schlafzimmer und der Schlaf. Deswegen geht wohl auch die Liebe durch den Magen und das Bett! Regelunpünktlichkeiten in diesem Rhythmus signalisieren krankhafte Vorgänge im weiblichen Unterleib und ihrer Psyche. Eine verlängerte Regelpause muss jedoch nicht gleich eine Schwangerschaft signalisieren, weist indessen auf Hormonstörungen hin. Beide Möglichkeiten sollte man schon rechtzeitig bedenken, sonst entpuppt sich die vermutete Pause am Ende als Ultraschallbild mit Söhnchen oder Töchterlein.

Der geistige Biorhythmus hat eine Wellenlänge von 33 **Tagen.** Wie bei den anderen beiden Rhythmen liegt eine Hälfte davon im PLUS und die andere im MINUS. Als geistiger Rhythmus beherrscht er die Verbindung des Menschen mit dem Kosmos oder – anders ausgedrückt – mit Gott. Natürlich findet man hier Feinsinnigkeit, Intuition, Kunst, Malerei, Musik und Literatur. Ein diesbezüglich gut entwickelter Rhythmus wird dich in die Lage versetzen, die Verbindung zum Kosmos zu nutzen, um alles von dort zu bekommen, was man sich wünscht; eben auch die Liebe zur Verständigung zweier Geschlechtsvertreter als das Allerwichtigste. Wilhelm Raabe hat dazu gesagt:»Bleib in den Stiefeln, Mensch, doch schau in die Sterne.«

Da alle drei Biorhythmen bei Männlein und Weiblein wie ein Uhrwerk, gleichermaßen vom Tag der Geburt an, ablaufen, vermag man sich leicht vorzustellen, dass diese Kurven nicht in jedem Falle in gleichem Rhythmus verlaufen können.

Gott ist für uns das größte Wunder, und in dieser Verbindung wäre der Glaube zu Hause: wohlgemerkt die Religion, nicht deren Institutionen, ganz gleich welcher Glaubensrichtung. Seit wir als Menschen denken können, bilden für uns Licht, Wasser und Atmung die Grundlage unseres Lebens. Gott hat weitgehend für uns vorgesorgt. Doch was hat der Mensch in seinem Unverstand daraus gemacht? Das Licht wird uns durch die Luftfahrt vernebelt, die Atmung damit vergiftet, vom reinen Wasser können wir nur noch träumen. Nur osmotisch gereinigtes Wasser vermögen wir noch mit gutem Gewissen zu trinken, weil es in der Regel durch Landwirtschaftsgifte, Leichengifte von den Friedhöfen, Lebensmittelgifte der Industrie, Farben in der Bekleidung und die Gifte der Flugzeuge, der Bauwirtschaft und der Industrie verdorben wird. Elektrosmog und vieles mehr zählen dazu. Glücklicherweise lässt sich mithilfe der Biorhythmik errechnen, wie man einem Teil der Umweltgifte entkommen kann. Wer zweifelt da an Gottes großer Liebe zum Menschen? Zweifelst du auch am Menschen?

Die Biorhythmik eines Menschen lässt sich ganz einfach errechnen. Die Zahl der Lebenstage wird geteilt durch 23/28/33. Wenn ich mir dann die dazugehörigen Sinuskurven ansehe, muss ich entdecken, dass diese nicht hübsch parallel zueinander verlaufen, sondern erheblich divergieren. Liegt mein errechneter Tag auf einem Punkt, an dem die entsprechende Kurve die Nulllinie im Aufsteigen schneidet, so nennt man das einen »vollkritischen Tag«. Das Wort allein kennzeichnet diesen entsprechenden Tag. Für deine Situation ist da nichts Gutes zu erwarten. Schneidet diese Kurve die Abszisse im absteigenden Teil, liegt dieser Tag auf einem halbkritischen Punkt. Auch dieser Ausdruck spricht für sich. Er ist nicht so gefährlich; aber zu einer Operation würde ich an diesem Tag nicht gerade raten. Sollte es so sein, dass alle drei Kurven am gleichen Tag die Abszisse im An- oder Absteigen schneiden, bleibe lieber zu Hause, und sei vorsichtig im Straßenverkehr!

Entsprechend diesen Berechnungen gibt es noch den sogenannten sekundären Biorhythmus, der jedes Jahr am Geburtstag neu beginnt. Beide zusammen sollten als Grundlage für große Operationen herangezogen werden. Unser großes Vorbild, Professor Sauerbruch, hat seine Operationserfolge diesen Berechnungen zu verdanken.

Unter anderem ist die Biorhythmik in der Lage, Entscheidungen zu beurteilen, ob ich große Leistungen, Prüfungen oder Reisen zu gewissen Tagen absolvieren sollte. Vor allem aber befähigt sie, festzustellen, ob zwei Menschen eine gute oder schlechte Übereinstimmung haben. Divergieren die drei Kurven um mehr als 50 Prozent, sollte man so vernünftig sein, lieber keine Dauerverbindung einzugehen; aber auch wenn sie mehr als 50 Prozent kongruent sind, kann es sein, dass die Übereinstimmung sich nur auf zwei der drei Kurven bezieht. Dann ist dies für eine Ehe nur ganz bedingt tauglich. Wichtig für eine Übereinstimmung ist vor allem die geistige Kurve, weil sie allein die Liebe repräsentiert. Nur waagerechte Bettgymnastik und Leistung im Beruf hält keine Ehe auf Dauer aus. Man sollte sich wohl auch gelegentlich miteinander unterhalten können.

Willst du mehr darüber erfahren, besorge dir mein Buch: BIORHYTHMIK AUF KABBALISTISCHER BASIS

Die glückliche Ehe hat jedoch nicht nur in allen sechs Biorhythmik-Kurven eine ideale Darstellung nötig. In jedem Falle zählt dazu das beiderseitige Niveau. Das zu ergründen kann relativ schwierig oder auch sehr einfach sein. Da gibt es Menschen aus den unterschiedlichsten Lebenskreisen, bei denen alles stimmt. Sie brauchen die Biorhythmik nicht; aber das ist leider sehr selten.

Wie erkennt man das gemeinsame Niveau? Es gilt, gemeinsame Interessen in Kunst, Beruf und Alltag zu erkennen. Etwa: Er mag Hunde, sie will reiten; er mag Theater, sie will ins Konzert; sie zieht es in die Alpen, ihn an die See; sie möchte tanzen gehen, er will in die Natur! Diese wenigen Beispiele mögen genügen.

Es ist also relativ einfach, das Niveau eines anderen zu ergründen, wobei es absolut keinen Wert hat, ein Übereinkommen abzuschließen, weil der Sex gerade schön ist. Nicht umsonst sagt man: Liebe macht blind. Dieser Schnack stimmt leider nicht so ganz. Er müsste heißen: Verliebtsein macht blind, denn es handelt sich effektiv nur um Sex und nicht um Liebe. Folglich genieße den Sex; aber mache keine unglückliche Ehe daraus.

Verliebtheit ist halt niemals Liebe. Sie wird beherrscht vom **Egoismus.**

Ihr zwei habt euch nun also auf eine Ehe eingelassen. Eure Biorhythmik liegt so bei dem **23er-Rhythmus** bei **24** %, dem **28**er-Rhythmus bei **62** % und bei dem geistigen **33**er-Rhythmus bei **76** %. Der 23er muss sich unter der Abszisse zufriedengeben und der 28er ist zufrieden mit seiner Position eben über der Abszisse. Das ist kümmerlich und so in etwa repräsentativ für die meisten Ehen, die mehr oder weniger gut funktionieren.

Sie hat inzwischen drei Kinder, und er steht ziemlich fest in seinem sehr viel Raum fordernden Beruf, mit dem er ziemlich intensiv verheiratet ist. Sie: Erziehung zum Hausmütterchen und Mama. Er: unordentlich bis zum Gehtnichtmehr, hochsensibel, Stier und fordernd. Sie: dauernd verschnupft über seine Unordnung, degeneriert zur Ziege. Er: versucht ständig, mit ihr Sex zu haben. Für Liebe keine Zeit. Wenn eben, dann mal schnell. Wie war das: STUKA-Flieger! Sie tut so, als sei sie überlastet. »Sex kannst du mir doch jetzt nicht zumuten, ich bin doch 24 Stunden im Dienst.« Sex alle zwei bis drei Monate mal. Zwischendurch Spannung als Unendlich-Spielchen. Sport einmal die Woche bis nachts um halb zwölf. Dazu ist man natürlich nicht zu müde.

Was ist hier geschehen? Sie: verwöhntes Töchterchen aus der Mittelschicht. Vater: Lastkraftwagenfahrer, Mutter: Marke Glucke, hat die Hosen an. Tochter: Älteste von drei Kindern. Mutter ist natürlich Vorbild für Kinder(v)erziehung. Vater: lieber Kerl, der gewöhnt ist, die Hände an die Hosennaht zu legen, und das auch tut.

Das ist allzu oft das Ehevorbild für unsere Ehefrauen. Ehemann, als Stier, legt nicht mehr die Hände an die Hosennaht. Seine Unordnung ist quasi Reaktion auf ständige Bemängelung seiner Unordnung. Sie präsentiert daraufhin ihre Stärke durch Enthaltung ihrer Gunst. Beide wenig einsichtig. Die Kinder wohlerzogen. Mensch, aber was ist das für ein Leben?

20

Was machen beide verkehrt? Gar nichts! Wie ich schon sagte, existiert auch noch der sekundäre Rhythmus, der an jedem Geburtstag eines neuen Lebensjahres beginnt. Da er jährlich neu entsteht, im Gegensatz zum eigentlichen Rhythmus, verschieben sich systematisch die Maxima, Minima gegeneinander und damit die kritischen und halbkritischen Tage, sodass die Häufung von Minima und Maxima in sieben Jahren in ihrer Qualität zu- und abnehmen. Sympathie und Antipathie nehmen auf diese Weise gleichfalls zu oder ab. Alle sieben Jahre geschieht das im ständigen Wechsel. Dreieinhalb Jahre oben, dreieinhalb Jahre unten. Das führt bei mittleren Übereinstimmungen natürlich leicht unter oder über die Abszisse, was wiederum bedeutet, dass negative Aspekte ausgelebt werden, weil dann die Liebe in einer solchen Ehe weniger federführend sein kann. Im anderen Fall kann es natürlich in himmelhohe Zustände münden.

Bei Krisen sollte man sich jedenfalls erst einmal dessen versichern, ob es sich um eine vorübergehende biorhythmische Verschiebung im Verhältnis zueinander handelt oder ob man grundsätzlich einer von Anfang an falschen biorhythmischen Verbindung nachhängt. Kinderchen, trennt euch!

Letzteres verkörpert eine Ehestruktur, die den Beteiligten sagt, dass Schuldzuweisungen absolut überflüssig sind, weil von Anbeginn einer solchen Ehe eine wirkliche Verbindung nicht möglich war, auch keine Verständigung und schon gar keine Liebe. Man redet in einer solchen Ehe ständig aneinander vorbei. Eine solche Erkenntnis erleichtert eine Trennung oder Scheidung ganz erheblich. Eine Verständigung auf allen Ebenen war nicht möglich. Schuldzuweisungen haben hier keinen Platz.

Wer Genaueres darüber wissen möchte, sollte sich mein Buch über die Biorhythmik zu Gemüte führen. Interessante Zukunftsaspekte und Leistungsprognosen erwarten dich.

Ehekrise

Eine Ehekrise kann natürlich außer durch biorhythmische Dissonanzen auch durch Verhaltensfehler ausgelöst werden. In der Regel handelt es sich dann zu hundert Prozent um egoistische Motive. Schuldzuweisungen in jeder negativen Form werden mit Wut und Ausdauer produziert. Ach, ihr Armen, wo habt ihr euren Kopf? Nicht selten sind verzogene Ehemänner nicht in der Lage, mit klarem Kopf und Gefühl ihre Ehefrau auszuwählen. Und haben sie recht gewählt, machen sie trotzdem eine Ehe zu einer Versorgungsanstalt, in der sie sich um nichts zu kümmern bräuchten. Auf diese Weise ist manche Ehe an Langeweile gestorben. Zu circa siebzig Prozent werden sie ausgelöst durch Erziehungsfehler an Ehemännern, deren Mütter ihre Söhne zu »lieb« erzogen haben. Für Sohnemann ist natürlich nichts zu schade. Alle Wünsche werden ihm erfüllt, wobei Rücksichtnahme kein Thema ist. Alles wird ihm abgenommen, und Manieren bei Tisch und Verkehr mit anderen Menschen oder gar mit Freundinnen bzw. künftigen Ehefrauen steht jenseits eines dringend notwendigen Erziehungstrainings. Ein gutes Stück wie der Herr Sohn ist für eine Mutter offensichtlich mehr als ein Diamant.

Dazu ein Brief an einen solchen jungen Ehemann:

Lieber Ferdinand,

Deine Frau hat sich bitter beklagt. Du hast Deinem Schwiegervater versprochen, dass Du Deiner Frau keine Ursachen für Tränen liefern würdest. Was ist in Dich gefahren? Deine Socken lässt Du im Wohnzimmer liegen, Mantel und Unterhemd sind in den Ecken der Küche verteilt. Was sollen Deine Schuhe im Badezimmer? Der Wäschestapel in Deinem Schrank im Schlafzimmer ist auf alle Borte wild verteilt. Willst Du Deine süße Frau zur Verzweiflung treiben? Klo und Waschbecken hinterlässt Du dreckig und Deine Zahnpflegeutensilien liegen irgendwo im Bad oder neben der Butter in der Küche herum. Bittere Tränen sind in meiner Praxis geflossen.

Ich hoffe, dass Du Dir das zur Notiz nimmst.

Mit lieben Grüßen …

Nach drei Jahren hat sich das nur wenig gebessert; Muttern, was hast Du da erzogen?

Muss das wirklich so sein: Was Hänschen nicht lernt, lernt Hans anscheinend wirklich nimmermehr!

Zehn Jahre weiter, Kinder sind geboren. Sex alle Vierteljahr einmal. Klage der Ehefrau: Er ist so plump und greift mir dauernd an den Po, will nichts als Sex.

Biorhythmik: 65 Prozent, 72 Prozent, 78 Prozent Der biorhythmische Tiefpunkt ist schon drei Jahre überwunden. Also immer noch Erziehungsmangel.

Brief an Ferdinand:

Lieber Freund,
wieder einmal hat sich Deine Frau bei mir in der Praxis ausgeweint. Was ich über die Ordnung denke, sollte Dir wohl inzwischen bewusst geworden sein. Heute muss ich Dir etwas über den Sex schreiben.

In Deine Ehe ist offensichtlich die Langeweile eingezogen. Du hast Dich bei mir beklagt, dass Deine Frau alle ein bis zwei Monate einmal bereit sei, Sex mit dir zu haben. Mein Lieber, das habe ich kommen sehen. Du hast die Ursache dafür selbst gelegt. Schon in den ersten Ehejahren hat sich Eva beklagt, dass Du nicht das bezaubernde Spiel von Liebe und Sex beherrschst. Weißt Du, Sex, Liebe und das Vorspiel sind DIE Voraussetzung für den Appetit darauf. Für Dich ist inzwischen Sex zur Funktion geworden, die man eben mal ablaufen lässt.

Sicherlich ist der Trieb des Mannes der eines Jägers; aber Du solltest wissen, dass Deine Eva kein zu erlegendes Wild ist. Sie ist eine, Deine Frau! Eine Frau will erobert werden. Sie hat sich Dir am Anfang hingegeben und hat Dir drei Kinder geboren. Im Grunde war das schon ein Fehler. Von Anfang an hättest Du wissen sollen, dass eine Frau ständig erobert werden will. Das hast Du versäumt. Hole es mit aller Sorgfalt nach. Du wirst ein Wunder erleben; aber ich warne Dich: Mit Wissen und Sorgfalt sollte das geschehen. Liebe muss im Vordergrund stehen, und die wird bei Dir ein wenig zu kleingeschrieben. Es ist keine Liebe, seiner Frau ständig an den Po zu greifen oder den Busen zu malträtieren. Außerdem sind so manche wichtigen Techniken aus dem Ruder gelaufen, wie ich aus Klagen Deiner Eva gehört habe.

Liebe ist nicht, wenn man seiner Frau bei jeder Gelegenheit und in der Öffentlichkeit an den Busen grapscht (ihr Ausdruck). Weißt Du, Liebe ist nicht Forderung nach Sex. Sie will das Gefühl der Geborgenheit. Sex kann erst Erfüllung sein, nicht Voraussetzung. Und wenn Du bereit bist, Geborgenheit zu geben, entsteht eine Familienharmonie, die Geben und Nehmen erst in vollem Umfang und Gleichgewicht ermöglicht.

Liebe ist nicht Nehmen, sondern Geben!

Wo findet sich bei Euch diese Harmonie? Du bist sogar so nachlässig, dass Du Deine Klamotten nach wie vor über die ganze Wohnung zerstreust, was sich inzwischen Deine Kinder auch schon angeeignet haben. Man nennt das Vorbildfunktion. Willst Du das wirklich?

24

Wirb um Eva ein bis zwei Wochen und vielleicht noch länger, ehe sie sich bereitfinden wird, sich Dir hinzugeben. Das ist dann keine Belohnung, sondern Liebe! Und wenn das geschieht, sei so klug und ändere Deine sexuellen Gewohnheiten, die sich im Laufe Deiner Ehe eingestellt haben. Zärtlichkeit ist angesagt. Sie beginnt in der Küche beim Abwasch mit einem Geschirrtuch in der Hand und vielleicht einmal mit einem zarten Küsschen in den Nacken und Handreichungen im Haushalt, wozu auch die Mülltüten gehören. Wann hast Du z. B. zuletzt den Rasen gemäht oder Eva Blumen mitgebracht? Das Holz für den Ofen ist für Deine zarte Frau zu schwer. Ist Dir das noch nicht aufgefallen?

Gewiss, Du bist im Beruf stark beansprucht; aber bedenke, Deine Eva ist 24 Stunden im Dienst, im Haushalt mit drei Kindern. Warte auf Signale, die Dir zeigen, dass mehr geschehen wird als nur Alltag. Frage Dich, ob ihre Kräfte ausreichen, Deine Bedürfnisse zu erwidern.

Ist es dann schließlich so weit, falle nicht gleich über sie her, sondern massiere ihren Nacken und schließlich den ganzen Rücken. Wenn Eva sich für den Sex öffnet, ist quasi jede Körperzone erogen und will beachtet und behandelt werden. **Zuletzt ist der Busen gefragt.** Auch hier ist äußerste Zärtlichkeit notwendig. Die Gefahr, durch zu intensive Berührung dort Krebs auszulösen, ist riesengroß. Also Vorsicht!

Vor dem Sex kommt das Küssen. Auf die Körperoberfläche darf vorher schon hier und dort ein Schmätzchen gelandet werden. Aber Achtung: Nimm dir nicht den Fernsehkuss zum Vorbild. Man muss sich nicht beim Küssen gegenseitig auffressen! Ein Kuss sollte auch nicht aussehen, als würde man ein Eis am Stiel schlecken. Ein Kuss ist eine der empfindsamsten Gesten. Zweimal zwei Lippen nähern sich, kaum geöffnet, zögernd aufeinander zu. Die Berührung der beiden Münder allein ist schon ein zartes Erlebnis, und wenn dann die Zunge sich vortastet und von der Gegenseite erwartet wird, ist das Vorspiel für den Sex ein vollkommenes Erlebnis. Hüte dich also davor, Deiner Eva Deine Zunge wie ein viertel Pfund Beefsteakhack in den Rachen zu schieben.

Ehe Du nun zur Kopulation schreitest, ist zunächst die Scheide als Tal der Seligkeit gefragt. Auch sie möchte zärtliche Streicheleinheiten genießen, und zwar bei den meisten Frauen bis zum Orgasmus. Jawohl, Du hast richtig gelesen. Du wirst erleben, dass Sex hernach doppelt so schön sein kann. Außerdem hast Du die Garantie, dass Deine Frau einen Orgasmus bekommen hat. Das ist nicht unwichtig, denn ich kenne viele Patientinnen, die mir gebeichtet haben, seit Jahren oder überhaupt noch keinen Orgasmus in ihrer Ehe gehabt zu haben.

Ich denke, da würdest Du Dir doch ziemlich mies vorkommen: Du hast Dir das Glück genommen und denkst nicht einmal an Deine Partnerin! Liebe sollte doch wohl GEBEN und nicht hauptsächlich NEHMEN heißen – oder?

In Eurem Fall wäre den biorhythmischen Verhältnissen gemäß Entsprechendes zu erwarten, dass alles ohne Schwierigkeiten verlaufen kann.

Natürlich ist bei einem biorhythmischen Missverhältnis alles ganz anders. Hier würde man nur Sex betreiben und ohne Umschweife zur Sache kommen; aber auch dabei meine ich, dass das Gesetz der Höflichkeit seine Gültigkeit nicht verlieren sollte.

Gleichgeschlechtliche Liebe

Bei gleichgeschlechtlicher Liebe zwischen Männern ist der gemeinsame Rapport nicht viel anders, außer beim Vollzug der Kopulation, die in der Regel über die Afteröffnung vollzogen wird. Dieser Umstand beinhaltet natürlich eine hohe Infektionsgefahr in sich. Im Dickdarm sind nun einmal Colibakterien, die bei nicht ausbleibenden Scheuerekzemen schlimme Zerstörungen am After, Penis und am ganzen Genital auslösen können.

Im Gegensatz dazu ist ein gleichgeschlechtlicher Rapport bei Frauen ungefährlich, wobei als Penisersatz künstliche Dildos oder auch die Hand Verwendung finden, die mit viel Fantasie und den sonderbarsten Kunstformen auf dem Markt angeboten werden. Nun, die Geschmäcker sind halt verschieden.

Jeder sollte sich mindestens für erfüllenden Sex entscheiden. In jedem Falle bleibt die Liebe als Grundforderung höherer menschlicher Entwicklung bestehen. Ausnahmen natürlich ausgenommen.

Vom Geistigen her beurteilt sind Praktiken mit Fesselungen und Auspeitschungen reinste Sadismen, die gleichzusetzen sind mit Guantanamo, ein auf die Spitze getriebener Egoismus. Im Jenseits absolut und mit schlimmen Folgen abgelehnt. Entstehende Charakterschäden verursachen in späteren Jahren ein schweres Sterben und das Eingehen in niedere geistige Ebenen. Gleiches gilt für Männer, die sich im Sexhandel fast lebensechte Puppen zulegen.

In diesem Zusammenhang wäre noch an die Masturbation beziehungsweise an die Onanie zu erinnern. Wer kennt diese beiden Praktiken nicht?! Beide stellen normalerweise menschliche Entwicklungsformen dar, die leider oft noch im Erwachsenenalter festzustellen sind. Nun, man sagt dazu auch Selbstbefriedigung. Die Masturbation ist dafür der Ausdruck für die weibliche und Onanie für die männliche Selbstbefriedigung. Für beide bestehen keine großen Bedenken, außer zweier schwer wiegender Einwände bei Fortbestehen im Alter oder bei zu hoher Frequenz. Der erste Einwand bezieht sich auf den diesbezüglichen Akt ohne eine lebensgetreue geistige Vorstellung eines Liebespartners, ohne die es zu einer Fremdbesetzung durch Verstorbene kommt, die den Kontakt zum endgültigen Jenseitsaufenthalt nicht gefunden haben. Deren Sucht zwingt dann zur Fremdbefriedigung. Es ergibt sich auf diese Weise ständige Wiederholung als unausbleibliche Folge. Das gilt für beide Geschlechter.

Der zweite Einwand kann sich schon als Folge des Erstgenannten ergeben, nämlich dass man einen übermäßigen Verbrauch höchst wertvollen Hirneiweißes erzwingt, was wiederum zur Veränderung des Knochenbaues führt; zumeist beginnend bei einer Verkrümmung der Finger. Aber auch alle anderen Gelenke und ganz besonders die Nase, das Kinn, Hüften und Knie erleiden Veränderungen von großer Tragweite. Abgesehen davon ist die charakterlich negative Veränderung in Richtung Egoismus unverkennbar.

Ein weiterer Einwand wäre, dass der Betreffende sich durch Fremdvorstellungen einen Homunkulus erschafft, der den Eigner gnadenlos zu weiteren Manipulationen zwingt. Auch hier bleibt die Auswirkung auf das Knochensystem nicht aus.

Höchste menschliche Charakterentwicklung dagegen ist nicht nur in Indien oder anderen fernöstlichen Ländern zu finden: nämlich eine sexuelle Verbindung zweier Menschen ohne Jagd nach dem Orgasmus. Man verbindet sich nach den schon geschilderten Liebesdiensten ineinander und verbleibt in dieser Haltung regungslos über Stunden und vergisst dabei Zeit und Gegenwart. Das ist eine Form der Erfüllung, wie sie mit Worten nicht mehr geschildert werden kann. Ob dabei er oder sie oben ist oder ob beide es im Sitzen, im Liegen, in freier Natur, auf dem Küchentisch oder im Bett vollziehen, ist letzten Endes nicht kriegsentscheidend. Im Übrigen ist die Art der Stellung bei sexuellen Verbindungen Sache der persönlichen Übereinkunft. Feststehende Regeln sind in keiner Beziehung notwendig. Ich will darauf jedoch nicht weiter eingehen. Es bestehen ausreichend gut bebilderte Bücher, die von werdenden Partnerschaften unter allen Umständen wahrgenommen und betrachtet werden sollten.

Bisher bin ich darauf eingegangen, was der männliche Partner auf jeden Fall zu beachten hat. Grund hierfür ist, dass er von Natur aus in der Regel den aggressiveren Part einnimmt.

Das weibliche Verhalten stellt sich zu neunzig Prozent anders dar, weil SIE von Natur aus die Bewahrende ist und damit die passive Rolle in der Partnerschaft spielt. Ehe die Schmetterlinge sich in ihrem Bauch regen, vergeht immer etwas mehr Zeit als bei ihm. Erst wenn sie ihm ihre Arme um den Hals legt, möchte sie geküsst und am Busen gestreichelt werden. Und erst wenn sie ihm die obersten Hemdknöpfe löst, erwartet sie, dass er mit seiner Hand abwärts vom Busen in Richtung Tal der Seligkeit vorstößt. Du solltest schon auf diese Signale warten, die die gleiche Zeit in Anspruch nehmen werden wie deine sehr viel umständlicheren männlichen Aktionen.

Auch du wirst älter. Bist du weiser geworden? Hast du schon einmal darüber nachgedacht, was ist, wenn du mit deinem Kopf wackelst und deine Angebetete nicht mehr jugendfrisch aussieht? Bist du fähig, sie zu lieben wie in früheren Zeiten? Physiognomie, Rettungsring, Busen, Po und Haltung sind bei ihr mehr erschlafft als bei dir als Mann. Das sind Fragen, über die du dir rechtzeitig Gedanken machen solltest. Bist du dann immer noch fähig, SIE zu lieben? Oder ist etwa dein Freudenglied schon aus dem Betrieb gezogen? Ein Mann ist lange fähig, Sex zu haben. In meiner Praxis habe ich aber auch erlebt, dass er schon frühzeitig nicht mehr dazu in der Lage ist. Ursache: Schweinefleisch! Ganz gleich, wie herum das nicht mehr funktionieren will; mein Rat dazu war: »Wenn ihr beide euch schlafen legt, platziert wechselweise eine Hand auf des anderen Genitals, und wenn sich hier oder dort etwas regen sollte, kann die Hand sich ein wenig und liebevoll beschäftigen, bestenfalls bis zum Orgasmus.« Dieser Rat hat so manche Alterskrise überwinden helfen.

Natürlich gibt es auch Ehen oder Partnerschaften, bei denen Sex überhaupt keine Rolle spielt. Man nennt so etwas platonische Liebe. Solche Verbindungen sind hochkultiviert, geistig-esoterisch und intellektuell entwickelt. Sie sind schier unzerstörbar, dauern über viele Leben und haben in der Regel hohe Führungsqualitäten. Was diese Liebe jedoch kennzeichnet, ist, dass sie von Herzen miteinander lachen können.

Zurück zum normalen Altern:
Wenn einer von beiden nicht mehr in der Lage sein sollte, während der andere Part noch voll im Saft steht, wäre es überaus großherzig, dass er oder sie dem anderen rät, sich mit einem entsprechend netten Fremdpartner auf Sex einzulassen. Dieses gegenseitige Wissen und Zugeständnis ist Voraussetzung für ein Weiterbestehen einer Ehe ohne Eifersucht. Auch das ist Liebe: als passiver Partner zu wissen, dass der andere hormonell seine Erfüllung suchen kann und finden darf. Beide werden

belohnt durch eine gegenseitige warme Zuneigung und Harmonie.

In diesem Rahmen will ich auch die sogenannte jungfräuliche Geburt erwähnen. Während einer Exteriorisation (außerkörperlicher Zustand) bin ich der Frau Josephs und Mutter Jesu begegnet. Auf meine Frage nach der Jungfräulichkeit hat sie hell aufgelacht und mir erklärt, dass sie als Hausdame bei dem Pharao gedient habe, der als Gott verehrt wurde, und so die Gerüchte über die göttliche Zeugung entstanden sein müssten. »Es war wunderschön!«

Zwei Menschen können sich allerdings auch auseinandergelebt haben und Charaktere sich im Laufe der Lebensjahre verändern. Es ist kein negatives Ereignis, wenn sich in einem solchen Fall beide in Freundschaft zu trennen vermögen. Eine saubere Trennung braucht kein schlechtes Gewissen zu haben. Beide tragen die gleiche Verantwortung und sollten für etwaige Folgen Vorsorge treffen. Erst lieblose Egoismen verseuchen im negativen Sinne beider Leben.

Anders bewertet sich eine Trennung im Zorn und unter gegenseitigen Schuldzuweisungen, indem man sich prozessual scheiden lässt. Hier dürfte zumeist eine Ehe eingegangen worden sein, die von vornherein biorhythmisch, typ- und schwingungsmäßig nicht gepasst hat. Selbstverständlich wäre unter diesen Umständen die Erkenntnis gleicher Verantwortung notwendig. Die häufigste Ursache liegt im anfänglichen sexuellen Überschwang, ohne der Regel des Wartens und Prüfens zu gehorchen. Na eben: »Drum prüfe, wer sich ewig bindet ...« Ich hoffe, du kennst inzwischen diese gute alte Volksweisheit.

Eine weitere Form der Partnerschaft unterliegt den gleichen Bedingungen, wie wir sie eben besprochen haben. Es handelt sich um die gleichgeschlechtliche Liebe, die aller Ehren wert sein kann, wenn es sich um echte Liebe handelt. Leider spielt sich gerade auf diesem Sektor vieles ab, was eine ehrenhafte Betrachtung dieses Umstandes ausschließt, wie zum Beispiel Multisex.

Aids

Nicht umsonst ist Aids gerade in diesen Kreisen zuerst ausgebrochen. Sexgemeinschaften zu viert, fünft oder mehr Personen haben sich »in die Kreuz und in die Quer« (nach Max und Moritz) verlustiert, haben sich sodann aus Angst vor gegenseitiger Infektion mit einer einzigen gemeinsamen Plastikspritze und ein und derselben Injektionsnadel Penizillin injiziert; und das nicht nur einmal, sondern nach jeder Veranstaltung, zwei- bis dreimal wöchentlich. Dass auf diese Weise die Körperabwehr der Beteiligten zu versagen begann, liegt auf der Hand. Statt Liebe: Unwissen und Egoismus in Höchstpotenz. Niedriges Niveau. Wie schnell sich in der Folge eine Multiinfektion ausbreiten konnte, liegt auf der Hand. Jedenfalls ist Aids nur eine Infektion, ausgelöst durch Kristallzucker, der dafür Tür und Tor öffnet.

Pubertät

Ganz etwas anderes ist es, wenn heranwachsende Mädchen und Buben beginnen, sich selbst zu entdecken. Sex muss nun einmal irgendwann und irgendwie entdeckt werden. Das ist noch kein Egoismus. Hier regiert die Neugier, die alsbald in Sehnsucht umschlägt, das andere Geschlecht zu entdecken. Dazu dienen zunächst unerreichbare Schaufensterpuppen und Unterwäschekataloge, bis sich schließlich Gelegenheiten ergeben, die entsprechenden Zonen bei Mitschülern oder Mitschülerinnen zu betrachten.

Dazu ein Bericht eines 27-jährigen Patienten:
Wir waren acht Jahre alt. Er zu ihr:»Lass mal sehen.«
Sie:»Nö.«
»Ich zeig dir auch meinen.«
Sie:»Nö.«
»Du darfst meinen auch anfassen!«
Sie:»Oh ja!«
Das Ritual wird eingehalten. Sie zieht ihr Höschen beiseite, und was ist zu sehen? Nichts.
»Nun kommst du.«
»Ja.«
Sie:»Oh ja!« Sie fasst zu und ist ganz begeistert.
Er:»Zieh mal zurück.«
Sie:»Was denn?«
Er:»Na, die Haut.«
Sie:»Ah Mann.«
Er:»Fass mal vorne an.«
Sie:»Oh Mann, ist das toll.« Sie fängt an zu reiben und ein

schneller Erguss stellt sich ein, er stöhnt vor Glück. Sie bekommt einen Schreck.

Er:»Das ist Samen.«

Sie:»Da hab ich Angst. Was macht man mit der Sahne?«

»Nicht Sahne, Samen, damit macht man Kinder. Den steckt man da rein«, und er weist auf ihr Genital. Immerhin weiß er schon, was Sache ist.

Der reife Patient:»Wenn meine Eltern mich dabei erwischt hätten, wäre aber was los gewesen.«

So oder ähnlich geschieht es während der Pubertät vielfach. Nein, das ist kein Egoismus. Dennoch weit entfernt vom Ahnen, was Liebe bedeutet. Nicht viele Wochen sind vergangen. Die weibliche Neugier ist geweckt.»Du-u!«

Er:»Ja was?«

Sie:»Ach, ich mein bloß.«

»Na, was denn?«

»War doch schön neulich, oder?«

»Ach ja, hab ich schon fast vergessen.«

»Ob wir noch mal?«

»Wo denn und wann?«

»Ich mein nach der Schule in der Heideecke, da ist es so schön geschützt, und es kommt auch sonst keiner hin.«

»Meinetwegen, bis dann.«

Sehr nüchtern.

Man trifft sich also an Ort und Stelle und kuschelt sich zunächst auf der ausgelegten Kleidung, bis er anfängt, sie zu streicheln.

Sie:»Lass mal gucken?«

»Er ist schon ganz steif.«

»Macht doch nix, zeig doch mal.«

Er öffnet seine Hose und sie streift sie praktischerweise ganz runter.

»Du darfst bei mir auch mal anfassen«, verspricht sie ihm.

»Okay.«

Sie gleitet mit ihrem Kopf über sein bestes Stück und haucht einen zarten Kuss darauf.

»Das fühlt sich aber super an. Mach noch mal.«

Sie zieht schon ganz gekonnt die Vorhaut zurück und nimmt die Eichel ganz in den Mund. Er windet sich vor Glück und stöhnt. Sie fährt fort mit dieser unerwarteten Unternehmung, und es geschieht, was kommen musste: Er ejakuliert die volle Breitseite in ihren Mund. Beide erschrecken.

Und er sagt:»Siehste, das hast du nun davon.«

Sie:»Das schmeckt aber gar nicht schlecht, ist nur so glitschig. Ist auch gar nichts Böses, denn wenn daraus ein Kind werden soll, kann es nur etwas ganz Besonderes sein. Krieg ich nun ein Kind von dir?«

»Nö! Da muss der Kleine da unten bei dir rein.«

»Ach ja. Ist der süß, der Kleine, aber wie ist der groß geworden, ach, ist der süß.« Sie streichelt ihn.

»Nun möchte ich deine auch mal sehen, du hast das versprochen.«

Ohne Protest zieht sie ihr Höschen aus und bietet sich seinen Augen mit gespreizten Beinen an. Er beugt sich darüber und küsst sie auf den schmalen Schlitz. Eine unerwartete Reaktion präsentiert sich ihm. Der schmale Schlitz klafft um etliches auseinander. Verstohlen beugt er sich tiefer über ihre Vagina und fährt mit der Zunge in die Öffnung hinein.

Sie stöhnt vor Wonne und sagt:»Mach bloß weiter, ach, ist das aber schön.«

Er schaut sich das an und beobachtet, wie sich aus der Scheide ein kleiner Finger erhebt. Mit der Zunge beginnt er, die Klitoris zu streicheln. Sie windet sich und stöhnt vor Glück.

»Da möchte ich mit meinem hinein!«

»Nein, auf keinen Fall, dann machst du ja gleich Kinder.«

»Nein, das geht ja nicht, dann fass mich noch mal an.«
Und sie gehorcht ganz brav und spielt mit seinem Penis, bis
ein zweiter Orgasmus sich entlädt. Erschöpft schlafen sie in
ihrer Heideecke in der Sonne ein. Sie erinnern sich an ihre
Schularbeiten und entfernen sich von ihrem ersten sexuellen
Jugenderlebnis. Drei oder vier Mal hat sich das wiederholt, bis
sie dann vom Leben getrennt wurden. Man hat sich niemals
wiedergetroffen. Schon wenige Wochen und dieses Ereignis
war vergessen. Ob die Eltern jemals von dieser intimen Le-
bensschulung erfahren haben?

Fünfzehn Jahre später treffe ich beide mit unterschiedlichen
Partnern wieder. Glücklich und mit je einem Kind. Glückselig-
keit ist Himmel auf Erden. Möge sie den vieren bis zum Ende
ihrer Zeit beschieden bleiben.

Geistige Aspekte

Allgemein sollte eine Partnerschaft oder Ehe begleitet sein von dem Wissen um esoterische, geistige oder religiöse Aspekte, denn wir leben nun einmal in einem Kosmos aus Licht und höchster kosmischer Intelligenz. Welchen Namen wir dieser Religion geben, ist ganz ohne Belang. Leider haben die Religionen in den letzten 100 000 Jahren versäumt, ehrlich mit den Menschen umzugehen, sodass das Vertrauen in sie weitgehend zerstört ist und sie sich immer liebloser verhalten. Ihr Gott ist Geld und Materie geworden. Man hat die Wissenden geächtet, verbannt oder verbrannt. Den Menschen wurde verschwiegen, dass sie ein Geburtsrecht auf Liebe, Glück und Harmonie haben. Das Gesetz der Anziehung wurde tunlichst verschwiegen, weil dieses besagt, dass alles, was du positiv denkst, auch positiv zu dir kommt, dass alles, was du negativ sprichst, denkst und tust, ebenso in deinem Leben negative Erfüllung findet.

Der Politik, dem Klerus und der Wirtschaft ist es nur recht, wenn du, ich und sehr viele Menschen dumm gehalten werden. Man kann uns auf diese Weise besser regieren. Kluge Köpfe hat man deswegen früher auf den Scheiterhaufen gestellt. Heute sperrt man sie lediglich ein, wenn sie Kritik zu äußern wagen. Halte auf jeden Fall deine Kritik zurück, wenn du etwas besser weißt, als es erlaubt ist.

Dein Leben und deine Liebe verlaufen so, wie du es in deinen Gedanken geschöpft hast. Wir sprechen von Unterbewusstsein. In Wahrheit ist das ein Teil Gottes in dir, ein Teil des Kosmos. Gott ist Lichtenergie, also immer bei dir. Wenn du das überlegst, kannst du eigentlich nur zu dem Schluss kommen, dass alle deine Aufregungen, Leiden und Ängste in deinem Leben ausschließlich durch deine falschen Gedanken entstanden sein können! Ist das nicht eine ganz wichtige Überlegung? Du bist wütend auf deinen Nachbarn, weil der mehr als ein Auge auf deine Frau geworfen hat. Lass deine Wut im Müll landen und frage lieber, warum das so ist. Suche den Fehler bei dir. Hast du deine Frau vernachlässigt? Oder hast du vielleicht dem Nachbarn Anlass gegeben, um dir »eins« auszuwischen. Hast du gelogen oder betrogen? In jedem Falle wirst du bei Ehrlichkeit gegen dich selbst die Ursache immer bei dir finden. Sei lieb zu dir selbst, liebe dich selbst, dann kannst du auch Liebe verschenken. Was du nicht hast, kannst du auch nicht geben. Es ist doch sonnenklar: Ist deine Börse leer, kannst du kein Geld ausgeben oder …

Wenn du entdeckst, dass du Eigenschaften hast, die deiner Partnerin oder deinem Freund auf den Wecker gehen, wirf sie ab! Zögere nicht lange, tue es gleich.

Ja, natürlich, wie denn?

Unterbewusstsein

Ganz einfach. Was habe ich eben über dein Unterbewusstsein gesagt? Du hast es immer bei dir, und du musst nichts weiter tun, als es zu benachrichtigen. Dann wird es, wenn du es ernst meinst, dich anhören und Änderungen vornehmen.

Nimm einen Schreiber in deine linke Hand, umschließe ihn ganz fest und sprich: »Ich halte diese Eigenschaft ganz fest.« Jetzt öffnest du die Hand, schaust ganz verwundert auf den Schreiber und sagst: »Du gehörst ja gar nicht zu mir«, und nun lässt du ihn in deiner offenen Handfläche hin und her rollen. Dann schließt du die Hand wieder, drehst sie mit den Fingerspitzen nach unten und sprichst: »Diese Eigenschaft kann ich fallen lassen.« Du lässt den Schreiber fallen, drehst die Handfläche wieder nach oben, schaust ganz verwundert auf die leere Handfläche und sagst glücklich dein Powerwort: »Oh JA.« Schließlich führst du die leere Handfläche zum Herzen.

Wenn du das Powerwort – früher Kraftwort, als wir noch Deutsch sprechen konnten – sprichst, tust du es mit erstauntem, erleichtertem Aushauchton! Fühle etwas dabei! Hast du das dreimal gemacht, wirst du feststellen, dass sich schon etwas in dir ereignet hat. Drei Wochen mit dieser Übung sorgen für immer dafür, dass dir deine Unsitte niemals wieder über den Weg läuft – du hast sie an den Kosmos zurückgegeben.

Kürzlich meinte ein Patient: »Wo soll ich denn da anfangen?« Irgendwo, ist doch ganz egal. Hauptsache: Du fängst an. Und es wirkt. Es ist keine Mühe, kein Zeitaufwand, keine fünf Minuten sind notwendig. Das einzige Hindernis bist du selbst, weil man es eben tun muss.

Geliehene Liebe

Eine Form der Erziehung zur Liebe hat mir einst eine zweiundvierzigjährige Patientin geschildert. Sie kam aus ihrem vierwöchigen Urlaub zu mir in die Praxis, strahlend und supererholt. Auf meine Frage sprudelte es aus ihr heraus: »So etwas ist mir noch niemals passiert, und es war wie ein Märchen: ein mittleres Hotel in Oberösterreich mit einem wunderschönen Zimmer nach Süden, Blick auf einen sehr großen Badeteich, und einem großen Balkon. Da konnte ich morgens unbeobachtet meine Morgengymnastik machen, wie mich der liebe Gott geschaffen hat. Das dachte ich zunächst. Doch bald bemerkte ich, dass sich zur Zeit meiner Morgengymnastik jemand jenseits der rechten Holzwand bewegte, obgleich ich sicher war, dass keiner dort sein konnte, weil ich gesehen hatte, wie das Ehepaar zum Frühsport aufgebrochen war. Dass sich ihr 18-jähriger Sohn auch noch dort aufhielt, wusste ich zunächst nicht. Ich inspizierte also die Holzwand und fand ein herausgedrücktes Astloch, gut augengroß. Warte, dachte ich, dich kriege ich schon.

Meine Morgengymnastik vollzog ich ostentativ so, dass alles gut zu sehen sein musste. Am Nachmittag ging ich zum Swimmingpool und schwamm einige Runden, bis ich den jungen Mann bemerkte. Er setzte sich mit einer Zeitschrift an einen der Tische und las. Ich stieg aus dem Pool, ging auf ihn zu und fragte ihn, ob er mir seine Zeitschrift auf mein Zimmer bringen könne. Er sicherte mir das freudig zu, und ich erwartete ihn, nur bekleidet mit meinem seidenen Morgenmantel, natürlich unverschlossen. Nicht lange und er klopfte an meine Tür. Ich ließ ihn ein und er blieb wie angewurzelt an der Tür stehen.

»Na, na«, sagte ich, »du kennst mich doch schon durch das Astloch.«

Er wurde puterrot und begann zu stottern.

»Komm nur näher, du weißt doch, wie ich ohne aussehe.«

Nach einigem Stottern: »Darf ich mal anfassen? Oh, ho, ich, ich weiß nicht. Ist das unverschämt?«

»Komm, brich dir keinen Zacken ab und komm her, leg die Zeitschrift auf den Tisch und deine Hände hier auf meinen Busen.«

Zögernd kam er zu mir und tat, wie ich ihm erlaubt hatte.

»Na, ist das nun so schlimm? Ich bin nämlich eine Frau, und die sieht nun einmal so aus. Komm, setz dich zu mir.«

Sehr lange Pause. »Und dann darf ich den Rücken mal streicheln?«

»Na gut, auch das darfst du.«

Er tat, was ich sagte.

»Auch bitte den Bauch, ja, das ist sehr schön.«

Er hatte die Antwort gar nicht erst abgewartet, und so streichelte er, ohne weiter zu fragen, meine Brüste.

Mir wurde sehr heiß und warm, und dann sagte ich: »Komm, küss mich.« Er tat es und ich sagte: »Das ist doch kein Kuss. Mit beiden Lippen solltest du meine treffen, und nun kommst du mir mit deiner Zunge ein wenig entgegen. – Ja, so ist das schon sehr schööön, findest du das nicht auch?«

Ohne zu fragen, glitt seine Hand über meinen Bauch, und eins, zwei, drei auch eine Etage tiefer. Keine Frage, das war mehr als angenehm, und ich meinte: »Wenn du schon so weit vorgedrungen bist, geh getrost auch ein wenig tiefer, ja, ja, da sitzt meine Scheide, du weißt sicher, wozu die da ist? – Wie merkwürdig beult sich denn da deine Turnhose aus, zieh die doch mal ganz schnell aus. Jetzt schau dir meine Scheide an, streichele sie, und sieh genau hin, was sich dort tut.«

»Da kommt ja ein kleiner Finger heraus, darf ich den anfassen?«

»Ach, Peter, den darf man nur ganz zart berühren. – Was machst du da bloß, Peterchen, mach um Himmels willen weiter, küss mich dort!« Der erste Orgasmus war bereits abgelaufen und ich platzte vor Verlangen. Ich fasste ihn behutsam am Penis und merkte, wie hart er geworden war.

»Komm, Peterle, steck dein Glied hier in mich hinein.« Folgsam wie ein Hündchen tat er, wie ich es ihm erlaubt hatte, und automatisch begann er, sich zu bewegen. Viel zu schnell kam er zum Orgasmus. Ich hielt ihn jedoch fest und wartete. Das Warten hatte sich gelohnt, denn dreimal waren er und ich zum Zuge gekommen. Dann fiel er wie ein reifer Apfel ab und hing hinterher mit seinem Mund an meinen Brustwarzen, bis er ermüdet einschlief. Nach einer guten halben Stunde erwachte er und wusste nicht so recht, wie er sich verabschieden sollte.

»So, Peter, ich heiße Barbara, jetzt gehst du rüber in dein Zimmer, und morgen um diese Zeit besuchst du mich wieder. Ich glaube, du freust dich auch.«

Damit verschwand er, ohne noch etwas zu sagen.

Dreieinhalb Wochen trafen wir uns täglich. Es war erstaunlich, wie aus einem 18-Jährigen ein richtiger, vollkommener Mann geworden war. Unternahmen die Eltern etwas? Eine Rückäußerung gab es nicht. Für mich war es ein wunderschöner Jungbrunnen. Ich genoss ihn ohne Reue. Peter war jung genug, um die Trennung zu verkraften.

Zu der ganzen Geschichte muss ich hinzufügen, dass mein Psychotherapeut mir geraten hatte, mich mit einem jungen Lover einzulassen, um den Zustand meiner Knochendichte zu verbessern. Das hat auffallend gut gewirkt, denn meine Rückenschmerzen sind seitdem absolut verschwunden. Das ist für mich ein rechtfertigender Grund, dass ich mich überhaupt darauf eingelassen habe. Das meine ich jedenfalls! Außerdem war ich zu der Zeit nicht fruchtbar.

Genetische Anlagen

Barbara war eine geschiedene Frau und kreuzunglücklich in den Urlaub abgereist. Auch ich hatte ihr den Rat gegeben, sich einen »Kurschatten« zuzulegen. Dass der nun so jung sein würde, war offensichtlich Schicksal und hat keinem von beiden geschadet.

Die dabei gelernte Zärtlichkeit wird er in seinem Leben sicherlich nicht vergessen. Das war eine Liebe auf Zeit – und glücklicherweise ohne jedes Problem.

Ich habe bis hierher von Liebe und ihren Problemen gesprochen. Natürlich gibt es in großer Zahl Etablissements, auch Puffs genannt, die angeblich Liebe verkaufen. Verkaufen? Lässt sich Liebe verkaufen? Ganz sicher nicht. Wer das meint, weiß ganz sicher nicht, was Liebe bedeutet.

Sex hingegen kann offensichtlich gehandelt werden. Wie ausgefeilt das Angebot auch sein mag, niemals wird Liebe daraus. Sexdienst ist niemals Minnedienst, um dieses ursprüngliche Wort zu benützen.

Liebe ist ein Magnet mit einer fein eingestellten Frequenz, die ganz bestimmte Menschen anzieht, wie eben in dem Beispiel gezeigt. Wenn diese Anziehung nicht vorhanden ist, solltest du die Hände davon lassen. Im gerade geschilderten Fall war offensichtlich eine Zwischenform von Anziehung, Liebe und Sex federführend. Musst du um Liebe ringen, wird allerhöchstens eine Vernunftpartnerschaft daraus, die nach einer gewissen Zeit getrennt werden muss. Natürlich sorgt glücklicherweise dieser Herzmagnet auch dafür, dass zwei Menschen sich rechtzeitig wieder trennen.

Wer als »Mono« in unkomplizierten Verhältnissen zur Reife herangewachsen ist, wird diesen Magneten in seinem Herzen und in seinem Bauch spüren. Irrtum unmöglich, auch wenn du in der Zeit deiner Reifung zum Erwachsenen onaniert oder masturbiert haben solltest, was bei den Jungen häufiger als bei den Mädchen normal und üblich ist.

Der Kosmos ist unbestechlich. Da hilft auch keine Ungeduld.

Wie bitte, du hast diesen Magneten nicht? Bist schon einmal in einem Kinofilm gewesen und hast mit den Beteiligten mitgelitten, mitgeweint und mitgejubelt. Na bitte, was war das denn anders als die Botschaft deines Herzmagneten.

Dass Mann und Frau unterschiedlich reagieren, ist verständlich; denn sie sind unterschiedlicher Gedanken- und Charakterstruktur. Die Frau fährt in der Spur: Gefühl, Diplomatie, Versorgen, Einfühlungsvermögen, soziales Interesse, zwischenmenschliche Integration, Harmonie, Verstand und passiv abwartend. Sie sucht nur abwartend. Der Mann dagegen gehorcht der Logik, der Dominanz, dem Handeln, der Macht und der Zielverfolgung; er muss Entscheidungen treffen und aktiv reagieren. Er sucht ungeduldig und aggressiv.

Beide suchen das, was ihnen fehlt, und so ergänzen sie sich schließlich, wenn sie ihrem Magneten folgen. Nicht, wie sie sich kleiden oder was sie beruflich leisten, sondern wie sie sich fühlen, ist der Schlüssel für die weibliche und männliche Ausstrahlung ihres Herzmagneten.

Eine Frau sucht das Vertrauen in der Stärke der Männlichkeit. Natürlich existieren auch männliche Frauen, die schwache Männer bevorzugen, und weibliche Männer, was aber nicht sehr häufig ist. Das Prinzip jedoch bleibt unverändert, nur unter veränderten Vorzeichen.

Liebe hat folglich nichts mit dem Körper zu tun, eher mit dessen Ausstrahlung. Es ist effektiv also nicht der knackige Po oder der große oder kleine Busen, der lange und große Penis. Der Schlüssel liegt in der Ausstrahlung der jeweiligen Person.

Oft verlagert sich bei den Frauen die Liebe fort vom Auserwählten hin zu den neugeborenen Kindern. Reicht dann die Liebeskraft des Mannes nicht aus, kann es zu schweren Krisen kommen. Zärtlichkeit und Verständnis sind nun in erheblich stärkerem Maße erforderlich. Egoistische Männer versagen in dieser Situation sehr häufig. Ist er dazu nicht in der Lage, droht dem ursprünglich gemeinsamen Ziel, dem gemeinsamen Wachstum, Unerreichbarkeit. Der Kontakt beider Partner zum Kosmos leidet als Folge schwere Einbußen. Wird das nicht erkannt, kommt es zur Trennung.

Was immer du in deinem Leben mit deinem Herzmagneten anziehst, zeigt dir wie ein Spiegel, was sich in deinem Menschsein befindet. Schau dir bewusst diesen Spiegel an, damit du dich klarer ausrichten kannst. So manche Unausgeglichenheit renkt sich sodann wie von selbst wieder ein.

Gesetz der Anziehung

Nichts in deinem Leben geschieht zufällig. Du wirst regiert vom Gesetz der Anziehung. Was du denkst und sprichst, erfüllt sich in deinem Leben. Deine Intentionen bilden die Schiene deines Lebens. Glück und Pech sind von dir selbst bestimmt, bewusst oder unbewusst. Die Energie des Kosmos reagiert exakt auf dein Tun und Wollen. Dieses solltest du versuchen zu verstehen. Du bestimmst, wie sich dein Herzmagnet und dein Leben gestalten; wen der Magnet zu dir zieht und welche Ereignisse dir begegnen werden. Der Kosmos hat dir eine ganz feine Kontrolle an die Hand gegeben, um zu wissen, ob du auf dem rechten Gleis fährst. Es ist dein Bauchgefühl! Ist es nur ein wenig ungut, sagt es dir: Wechsele deine Spur, sonst fährst du falsch. Wenn du dieses Gefühl gut beachtest, wird dein Handeln immer positiv sein, und der Kosmos wird dir ebenso positiv antworten.

Hast du jedoch diese Regel nicht bemerkt und praktiziert, kann es passieren, dass du die Liebe in Unstimmigkeiten gestürzt hast. Geschieht das sogar häufiger, könntest du die Liebe einfach verpassen oder verspielen, oder das Ganze artet in schwerwiegende Zerwürfnisse aus, die absolut in der Lage sind, eine Ehe so unerträglich zu gestalten, dass es eventuell bis zur Scheidung kommt.

Powerwort

Was ist da zu tun? Sieh mal, der Mensch besteht zu etwa 80 Prozent aus Wasser. Dass Wasser kein Element ist, wie wir das früher in der Schule gelernt haben, wird dir mittlerweile auch schon bewusst geworden sein. Wasser als Lebewesen ist, wie uns heute die Atomphysik lehrt, außerordentlich speicherfähig und intelligent. So wird dir vielleicht auch gegenwärtig sein, dass alle deine schlechten Gedanken, jede Zelle deines Körpers diese aufnimmt und speichert. Da sitzt es nun und macht dich unempfindsam. Wie wird man das nun wieder los? Es gibt eine Reihe sehr einfacher Möglichkeiten, diese Falschinformationen wieder dem Kosmos zurückzuliefern.

Möglichkeit Nummer eins: Du nimmst zwei Schreibmaschinenbögen, faltest sie der Länge nach zur Hälfte und gibst einen davon deinem Partner mit der Bitte, auf die linke Seite all das zu schreiben, was er oder sie gut an dir findet. Auf die rechte Seite möge er oder sie, unten beginnend, schreiben, was nicht gefällt. Meinetwegen lasst ihr diesen Kritikbogen vierzehn Tage im Umlauf und tauscht ihn dann wieder zurück. Besprecht das Ergebnis und versichert euch, das zu ändern. Sehr wirksam!

Möglichkeit Nummer zwei: Das eine oder andere zu ändern schafft ihr nicht. Sicher habt ihr im Haushalt Alufolie. Trennt ein etwa quadratisches Stück davon für jeden ab und formt daraus je ein Bällchen. Aluminium hat eine sehr große Speicherfähigkeit. Und nun überlegt sehr genau, was ihr an misslichen

Eigenschaften beseitigen wollt. Formt das Ganze in kurzen Sätzchen, die mit **Ich bin** ... beginnen. Zum Beispiel: Ich bin krätzig! Oder: Ich bin ein Sexmuffel! Oder: Ich bin hart! Oder Ähnliches. Diese Kurzformeln sprecht ihr zu euren Aluminiumbällchen, die ihr in der rechten Faust verbergt. Wiederholt es dreimal, und zwar mit dem Ausdruck, es nicht loslassen zu wollen, sehr laut und deutlich. Dreht die Hand mit den geöffneten Fingern nach oben, schaut ganz erstaunt, das Bällchen in der Handfläche hin und her rollend, und sagt nun ganz verdutzt (wie oben mit dem Schreiber):»Nanu, du gehörst ja gar nicht zu mir.« Sodann schließt ihr die Faust wieder, dreht die Hand mit den Fingern nach unten, sprecht:»Ich bin bereit, XY fallen zu lassen«, öffnet die Hand und lasst das Bällchen fallen. Wichtig ist nun, dass ihr euer Powerwort parat habt und laut, aber froh und freundlich sprecht und die geöffnete Hand aufs Herz legt. Powerworte oder besser Kraftworte sollte jeder mit dem Kosmos verabreden. Theoretisch könnte man jedes beliebige Wort dazu nehmen. Unsere Altvorderen gebrauchten immer solche Begriffe als Kraftworte. Das war einfach selbstverständlich. In diesem Fall ist es wichtig, dass sich die Zeremonie nicht mit dem Kugelschreiber vollziehen lässt; denn Aluminium hat die Eigenschaft, Gesprochenes zu speichern. Das kann der Kugelschreiber nicht.

Mein Hamburger Großvater, ein Kaffeegrossist, sprach so ein Kraftwort, wenn er einen Vertrag bekräftigen wollte.»So soll es sein.« Da waren keine schriftlichen Verträge nötig. Ein Kraftwort wagte keiner zu bezweifeln.

Vorschlag: Jedes Wort taugt dazu, wie etwa»So sei es« oder »Ja« oder»Oh ja«.

Ihr könnt das gemeinsam, aber natürlich auch einzeln machen. Ich rate, diese Zeremonie dreimal zu wiederholen. Dann ist die Information gelöscht, die man loswerden wollte. Drei Wochen täglicher Wiederholung sorgen dafür, dass der Löschvorgang unwiderruflich ist.

Das Aluminiumbällchen sollte auf jeden Fall danach im Feuer verglüht werden. Einen Ofen werdet ihr schon irgendwo bei Verwandten oder Bekannten auftreiben. Vergesst das nicht! Auch hier ist eine intensive gedankliche Beteiligung unverzichtbar. Du siehst etwas von dir verglühen und in Rauch aufgehen, was dich lange Zeit in deinen Handlungen blockiert hat.

Zerwürfnisse

Wo liegen eigentlich die Ursachen für Zerwürfnisse? Vor Beginn einer Ehe liegt es sehr häufig an der vorgetäuschten sexuellen Kompetenz und Sexsucht. Gleiches Gewölk schiebt sich zusammen bei der Klärung der Frage nach Beruf und Haushalt. Dazu kann ich mit Simplifey nur sagen:»Jede Minute Ärger verhindert sechzig Sekunden Glück.« Muss man denn wegen jeder Kleinlichkeit gleich Kindergarten spielen? Die Meckerfalle habe ich quasi ja schon tangiert. Man kann schließlich über alles reden, auch wie Erwachsene – doch können die Erwachsenen das überhaupt noch? Ist Eifersucht im Spiel, ist die Liebe ohnehin weit entfernt. Sollte die Liebe auf Messers Schneide balancieren, gilt die alte Regel: In der Liebe sollte ein Mann nicht bis drei zählen können; besser noch er kann nur bis zwei zählen. Zwar sagt man, dass Liebe blind macht; aber Eifersucht sieht immer zu viel.

Schwergewichtiger kann da schon eine Identitätskrise des einen oder anderen Partners sein; aber auch hier ist der Ball aus Alufolie ein probates Mittel, um diese Probleme zu löschen. Gleiches gilt für Streitigkeiten um MEIN und DEIN. Eine Partnerschaft oder Ehe, die auf Liebe basieren möchte, kann doch nur in den gemeinsamen Topf hineinarbeiten. Da sollte es gleichgültig sein, wer die Geldscheine beisteuert. Ist das Budget zu knapp, kommt es ohnehin auf eine sorgsame gemeinsame Planung an. Ist das nicht der Fall, kann Liebe nur auf Großzügigkeit wachsen. Ist dagegen alles ein wenig zu knapp, gilt die Regel von Liselotte Pulver: Liebe ist, lieber mit ihm als ohne ihn unglücklich zu sein. Sei bereit, mit dem Partner auch den Kummer zu teilen.

Magen und Bewusstsein

Wie ich am Anfang schon versucht habe darzustellen, kann Liebe nicht wachsen auf Völlerei, Angeberei und Großmannssucht. Geistigkeit ist in sich eine Naturgabe des Kosmos an uns Menschen. Wir sollten bescheiden und bewusst lernen, diese geistige Kraft zu verstehen und zu gestalten. Nur dann sind wir fähig, unsere Träume und Ereignisse in unser Leben zu ziehen, um Liebe zu empfinden.

Bekanntlich geht Liebe auch durch den Magen – eine alte Volksweisheit, und wenn man dem Fernsehen trauen kann, dann sorgen Fernsehköche mit Witz und Charme dafür, dass die raffiniertesten Gerichte den Mund wässerig machen sollen. Tatsächlich ist es so, dass manch ein Hausmann sich seine Angebetete durch seine Kochküste gefügig gemacht hat. Natürlich geht das auch umgekehrt. Diese Methode kommt immer dann zur Anwendung, wenn man nicht in der Lage ist, Klavier zu spielen oder sich anderer Künste oder Charaktereigenschaften zu befleißigen.

Omas gutes altes Sprichwort weist für unsere heutige Zeit einen ganz großen Fehler auf. Was wird da nicht alles serviert? Ihr armen Leute, warum habt ihr alle verlernt, nachzudenken? Da redet ihr über Umweltschutz, und dann geht ihr hin und macht eine Grillfete. Das müsste eigentlich eine Trauerfeier um das arme Ferkel sein. Würdest du etwa das Schweinchen selbst mit Pfeil und Bogen erjagen und auch noch schlachten? Ganz sicher nicht. Du bist Christin oder Christ? »Na ja, selbstverständlich.«

Na, so was, steht da nicht in der Bibel geschrieben: »**Du sollst nicht töten!**« Na und? »Tu ich doch auch nicht!« – »Aber du gibst den Auftrag dazu, das ist erst recht nicht fair, um es freundlich auszudrücken!«

Mal abgesehen davon, dass du deiner Überzeugung untreu wirst; hast du denn noch gar nicht gemerkt, dass wir in einer Zeit leben, die uns zu 75 Prozent vergiftete Nahrung anbietet, auch wenn es sich um ein unschuldiges kleines Ferkel handelt, das fast ausschließlich auf den Menschen hochgiftig wirkt und das von dir gehindert wird, sein Leben zu erfüllen. Ich muss schon sagen, sehr liebevoll!

Schau dich nur um. Warum gibt es in den letzten Jahren immer mehr dicke und kranke Menschen, die oft verzweifelt versuchen, abzunehmen, was immer weniger gelingt? Der bekannte Jo-Jo-Effekt wird fast ausschließlich durch Umweltgifte gesteuert. Gift wird vom Körper vor allem im Fett gespeichert, und weil das Tier, in diesem Fall das Schwein, nicht nur gemästet wird, sondern auch vergiftetes Futter bekommt, dazu auch noch Wachstumshormone, Arzneimittel und Antibiotika, bekommst du als Endverbraucher ein Vielfaches von diesen Giften geliefert.

Unter dem Siegel der Liebe zur Menschheit entstehen alle zwanzig Minuten auf der Welt neue Chemikalien. Das sind pro Kopf etwa 500 Giftstoffe, die sich im Menschenfett auf das 500-Fache vermehren. Pro Jahr entstehen für circa 900 Milliarden Euro **neue** Giftstoffe. Du wirst als Endverbraucher am laufenden Band durch Pestizide, Schad- und Giftstoffe belastet. Liebe, na, so was? All das landet im menschlichen Fett und kann nicht abgebaut werden. Es sei denn, du machst spezielle Ausleitungskuren.

Das Ganze wird dir angepriesen unter dem Siegel der Liebe zum Menschen. Kosmetik, Toilettenartikel, Tapetenkleister, Teppiche, Fußbodenversiegelungen, Farben, Isolierungen, Talg, Butter, Öle, Fleisch, Butter, Quark, Milch, Käse, Joghurt, Hormone, Kunststoffe, Leichengifte, Arzneien, alle Arten von

Nahrungsgiften. Außerdem werden wir kontaminiert durch Edel- und Schwermetalle wie Aluminium, Chlor, Fluor, Brom, Jod, Blei, Mangan. Schau dir nur einmal deine Zahnpasta an. Selbst Muttermilch dürfte heute nicht mehr in den Handel kommen.

Mit feuerhemmenden Mitteln, Industrieabfällen, Insektiziden, Fungiziden, Herbiziden, Pestiziden und Rodentiziden wirst du in unserer modernen Welt fast täglich beliefert. Geschieht das wirklich alles aus Liebe zur Menschheit, wie man uns das weismachen möchte?

Neueste Meldung aus der französischen Universität Caen: Das Unkrautvernichtungsmittel Roundup wirkt auf menschliche Zellen tödlich. Außerdem wirkt es auf die Hormonproduktion bei beiden Geschlechtern und provoziert auf diese Weise Fehl- und Krüppelgeburten. Aspirin ist nicht so harmlos wie bisher angenommen, sondern schadet Magen und Leber in erheblichem Ausmaß. Äpfel und Birnen werden in der Regel etwa 25-mal besprüht, ehe sie auf den Ladentisch kommen – aus Liebe natürlich! Kaffee und Getreide müssen etwa fünfzehn chemische Kuren über sich ergehen lassen, bevor sie verkauft werden können. Sogar dein Sperma weist Giftwerte auf, die es verbieten würden, für den Handel zugelassen zu werden.

Was uns bleibt, ist der Biohandel, der zwar auch nicht mehr ganz frei von Giften sein kann, dennoch wesentlich weniger damit belastet ist. Auch das ist Liebe zur Menschheit, echte Liebe, wobei allerdings der Kunde bis heute leider nur viel zu gering Gebrauch macht. Zu teuer? – Krankheit ist viel teurer!

Weltuntergang

Liebe ist eine kosmische Schwingung. Alles auf unserem kleinen Planeten schwingt, auch alles Negative. Wir sind gefordert, auf unserer Erde das Prinzip von YIN und YANG ins Gleichgewicht zu bringen. Du hoffst auf den großen Knall 2012. Ich habe schon mehrere Weltuntergänge mitgemacht. Jedes Mal entpuppte sich das als Fantasieprodukt. So wird es auch dieses Mal sein, denn in Wirklichkeit befinden wir uns erst im Jahr 1909. Ein ganzes Jahrhundert haben uns findige Pfaffen dazugemogelt, damit sie sich durch die Fantasiekönige Karl den Großen und Pippin den Kurzen ihre Pfründe schenken lassen konnten, was sich ohne Schwierigkeiten bewerkstelligen ließ, weil die Bevölkerung ja nicht zu lesen und zu schreiben vermochte. Das also von Menschen, die Liebe gepredigt haben.

Erhebt sich die Frage, wie das wohl heute ist. Bei den Politikern und den Wirtschaftsfürsten hat sich bislang nichts geändert – sollte es bei den Religionsinstitutionen anders geworden sein?

Die großen Chemiefirmen gehören dazu. Überschrift: Lieblosigkeit. Willst du das anders machen, solltest du auch im Bereich der Ernährung lernen, umzudenken. Wir sind also gehalten, nachzudenken, wenn wir Liebeswerbung durch Kochangebote betreiben wollen, ganz gleich ob Männlein oder Weiblein. Dazu gehört nicht nur das Wissen um Gifte, sondern auch um die Ordnung der Nahrung.

Allgemein dürfte bekannt sein, dass es Kohlehydrate, Eiweiße und Fette gibt. Mal gleich vorweg, zur Beruhigung der holden Weiblichkeit: Fett macht nicht fett, es sei denn, du erhitzt es. Fett ist im Körper ein Brenner, und eine Ölheizung wird auch nicht dicker, es sei denn, du verwendest klumpiges Öl, ja dann versagt dir die Heizung. Der große Nachteil beim Fett besteht darin, dass Fett hemmungslos Gifte speichert, ein Grund für übermäßige Kilos um Po, Hüfte und Busen.

Sorge bei der Ernährung machen uns darüber hinaus die tierischen Eiweiße, die achtzig Mal so viele Zellkerne enthalten wie die Pflanzen. Die Zellkerne enthalten nämlich einen Stoff, der uns Entzündungen und Rheuma beschert und sich in größerer Menge nicht mit Kohlehydraten verträgt. Der Magen wird gefordert und wird damit nicht richtig fertig. Auch der nachfolgende Dünndarm kann damit nichts anfangen. Um das zu vermeiden, sollte man tierische Eiweiße von den Kohlehydraten getrennt zu sich nehmen. Es erhebt sich die Frage, um welche Kohlehydrate es sich hierbei handelt. Als da wären: Getreide, Kartoffeln, Möhren, Rettiche, Rote Beete, Schwarzwurzeln und alle Sämereien, wie Sonnenblumenkerne. Kürbiskerne und Getreide jeder Sorte.

Was tierische Eiweiße sind, brauche ich dir wahrscheinlich gar nicht erst zu erklären: Fisch, Fleisch und Eier, Muscheln und Kaviar. Würstchen gehören natürlich nicht zu den Hülsenfrüchten. Sie bestehen in der Regel aus Schweinefleisch und machen am Schnellimbiss in ein Brötchen eingewickelt mit Magen, Dünndarm und Leber Kleinholz. Deine geliebten Kartoffeln zum Fleisch sind natürlich auch out. Frage: Warum überhaupt so viel Fleisch? Der Stoffwechsel benötigt jedes Vierteljahr einmal eine Portion Fleisch, weil es nur zwei Fermente liefert, den intrinsischen und den extrinsischen Faktor, die ich gern mit einer Schiebkarre vergleiche, beladen mit Vitamin B_{12} und einer ganzen Menge Eisen, die diese durch die Dünndarmwand hindurch karren müssen; und dieser Karren geht viermal im Jahr kaputt und sollte notwendigerweise dann spätestens erneuert werden.

Du wirst ohne Fleisch nicht satt? Du spinnst. Ein viertel Pfund Fleisch ist im Magen nur noch eine Portion von der Größe einer Walnuss. Dein Fahrbenzin verkörpern die Kohlehydrate. Gemüse sind für dein Auto die Additive, die dich um die Kräfte deines Wagens bereichern; Auto heißt nämlich auf Deutsch: **ich**. Voraussetzung ist natürlich, dass du nicht alles totkochst. Omas alter guter Dämpftopf tut hier gute Dienste. Was hat Jesus zu den Kranken gesagt?»Wie wollt ihr lebendig bleiben, wenn ihr tote Nahrung esst.« Na bitte, das ist so modern wie nichts anderes.

Lebendige Nahrung heißt, diese wie einen Partner zu behandeln. Sprich mit deiner Nahrung, bedanke dich bei ihr; es sind nämlich Lebewesen, die dir ihre Lebensschwingungen freiwillig zur Verfügung stellen. SCHICK DEINE Nahrung in die Sauna (Dämpftopf), das ist im Sinne der Liebe!

Könntest du diese Lebewesen wie ich sehen, würdest du entdecken, dass es sich um lauter kleine menschenähnliche Wesenheiten handelt, die dir ihren Körper überlassen. Liebenswerte Wesen! Nichts auf dieser Welt ist unbelebt. Überall stellt die Liebe das Lebenselixier dar. Du siehst, auch bei der Nahrungsaufnahme. Hast du dich schon einmal bei deiner Nahrung bedankt?

In Hamburg hatte ich einst einen Japanischen Bogenschützen zu Besuch. Er demonstrierte seine Kunst mit drei Schüssen auf einen Zettel, worauf in der Mitte ein schwarzer Punkt gemalt war. In einer Entfernung von 25 Metern stand er auf der Terrasse, die von Ameisen eines ganzen Nestes bevölkert war. Sorgfältig beachtete er seine Schritte und trat auf keine der Ameisen. Dann schoss er dreimal, traf auf den Punkt und spaltete die Pfeile mit den jeweils folgenden, ohne dorthin zu schauen. Seine Augen blieben bei den Ameisen.»Wie konntest du das Ziel dreimal treffen, wenn du nur zu den Ameisen geschaut hast?«, wollte ich wissen. Da sagte er: »Warum sollte ich Leben schänden?« Das ist eine höhere Form der Liebe, die wir alle lernen sollten.

Liebe verkörpert wohl die stärkste Kraft, die uns von der Natur geschenkt wurde. Sie ist uns nicht nur zu unserem persönlichen Nutzen verliehen worden, sondern vielmehr noch als Menschenliebe, eine Eigenschaft, die in der letzten Zeit arg ramponiert worden ist. Unsere Aufgabe besteht darin, uns alle miteinander in Liebe zu verbinden.

Verantwortung

Ich weiß, was du jetzt sagen möchtest: »Ich kann doch nicht alle Menschen lieben. Wo käme ich denn da hin, wenn ich den hinterletzten Schwarzen vor Liebe an die Brust nehmen sollte? Nee, das kann und will ich nicht!« Nein, das sollst du auch nicht. Die Kraft der Liebe im größeren Sinn ist es, Verantwortung zu übernehmen für deinen Nächsten oder auch jeden beliebigen anderen Menschen. Stell dir vor, du stehst an einer stark befahrenen Autostraße und siehst, wie ein Mann vor ein Auto zu laufen droht. Was tust du jetzt? Natürlich springst du hinzu und reißt ihn zurück, selbst dann, wenn es ein böser Feind von dir wäre, oder? Der gerettete Mensch würde dich nun umarmen und vielleicht sogar küssen, und du würdest es als selbstverständlich empfinden.

Wenn du diese Kraft verstehst und bewusst gestaltest, wird sie genau die Menschen und Ereignisse in dein Leben ziehen, die für dein Sein und Werden notwendig sind. Die Liebe ist das, was uns alle miteinander verbinden sollte, und nicht ohne Grund entwickeln sich dadurch auch deine Beziehungen, die du lernen solltest zu gestalten.

Ich erinnere aus dem Krieg mit Russland. Wir waren eingeschlossen und hatten nichts zu essen. In einiger Entfernung quiekten Schweine in einem verlassenen Bauernhof zwischen den Fronten. Zusammen mit einem Kameraden schlichen wir dorthin. Wir kamen gerade um eine Mauerecke herum, als von der Gegenseite zwei russische Soldaten uns mit gleicher Absicht entgegenkamen. Wir vier stutzten, lächelten uns an und nahmen für jede Partei je ein Schweinchen mit. Siehst du, auch zwischen Feinden ist Liebe möglich.

Leider hapert es bei sehr vielen Zeitgenossen schon an dem Willen zur Gestaltung. Du selbst beklagst dich oft und emotional über Politiker unterschiedlicher Couleur. Dadurch dass du sie beschimpfst, machst du sie nicht besser. Wäre es nicht sinnvoller, positiv an sie zu denken und ihnen ihre Fehler zu verzeihen, in der Überzeugung, dass sie ihre Fehler nach bestem Wissen und vielleicht auch Gewissen gemacht haben? Die Kraft deiner liebenden Verzeihung stellt dann für den Beschimpften einen Anstoß dar, es vielleicht beim nächsten oder übernächsten Mal besser zu machen.

Ganz sicher weißt du, dass Druck in jedem Fall Gegendruck erzeugt. So ist das hier natürlich auch, und was entdeckst du: Egoismen jeder Färbung. Jene haben sich scheiden lassen, andere streiten sich mit den Nachbarn, wiederum andere möchten den Chef verklagen, trauen sich aber nicht. Der Nächste bekommt sein verliehenes Geld nicht zurück. Sicher kannst du solche Beispiele an deinen zehn Fingern aufzählen.

Wo Harmonie fehlt, geht erst recht die Liebe an den Menschen vorbei. Die schwerste Last, die man der Liebe aufladen kann, ist die Lüge. Dabei sind es nur selten große, bedeutsame Schwindeleien. Oft handelt es sich lediglich um Kleinigkeiten, um die es gar nicht lohnen würde. Die Folgen jedoch sind in der Regel katastrophal, denn in jedem Fall haben wir es mit Vertrauensmissbrauch zu tun, der selten ohne Weiteres verziehen werden kann, immer bleibt ein Angelhaken im Fleisch des Belogenen zurück.

Ich kann nur raten: Unterlass es. Die Wahrheit ist stärker als die Lüge und die Liebe leidet Not. Sie ist ein sehr empfindliches, intelligentes Mädchen. Jede Lüge kommt immer irgendwann ans Licht und zu dir zurück.

Das kosmische Gesetz der Anziehung ist genauso exakt wie jedes andere physikalisches Gesetz auch. Es besagt nichts anderes, als dass du im Kosmos Bestelltes exakt geliefert bekommst. Deine Gedanken repräsentieren die Bestellung, und was du nun als Schicksal jenseits geordert hast, wird postwendend geliefert. Ich habe dir schon einmal geraten, auf dein Bauchgefühl zu achten! Ist es ungut, sagt es dir: Rangiere auf ein anderes Gleis, sonst liegst du falsch. Ist das nicht deutlich genug?

In der Liebe sind alle Männer fortgeschrittene Anfänger. Eigentlich müssten sie früh in der Schule darüber belehrt werden. Leider scheitert das am Lehrermangel. Fraglich auch, wo ein solcher Lehrplan beginnen und aufhören sollte. Trau, schau, wem! Männer als Lehrer würden schon gar nicht taugen und Frauen hätten in dieser Position von überschäumender Jugend sexuelle Gefährdungen zu erwarten.

Wie klug ist das Problem bei einigen afrikanischen (sogenannten) Primitiven gelöst, bei denen weibliche und männliche Jugendliche getrennt voneinander im vorheiratsfähigen Alter in Lagern außerhalb der Dorfgemeinschaft zusammengezogen werden. Sehr alte erfahrene Frauen und Männer weihen sie über einige Wochen hinweg in die Regeln des Zusammenlebens ein. Offensichtlich haben sich diese uralten Gebräuche zuverlässig bewährt. Auf diese Weise wird gleichzeitig die Achtung vor Alt und Jung, vor Mann und Weib, vor Lehrer und Schüler gepflegt. Das scheint mir ein fruchtbarer Boden für eine stabile Gemeinschaft in Liebe zu sein.

Da wären wir nun an einem Punkt angelangt, an dem wir es wagen können, die vielen Ursachen von Störungen in der Ehe zu ergründen.

Warum um Himmels willen existieren so viele unglückliche Partnerschaften? Steckt nur Unwissen dahinter oder bestehen andere Gründe?

Ich sage es gleich: Es ist nicht nur ein bisschen Unwissen, es ist ein ganzes Schock davon. Kenntnisse um schicksalhafte charakterliche Voraussetzungen im engsten persönlichen Bereich. Wer von euren Freunden kennt sich denn wirklich selbst? Fragt man nach, bekommt man zur Antwort: »Natürlich kenne ich mich selbst ganz gut. Ich rauche nicht, ich saufe nicht, und ich gehe jeden Tag brav in die Firma und arbeite meine acht Stunden. Zu Hause ist meine Frau und macht Abendbrot, und dann sehen wir fern.« Fehlt jetzt noch der Satz: »So ein toller Mensch bin ich.«

Hier ist nicht der Platz, die Weisheiten der gesamten Kabbala und Biorhythmik aufzurollen; dennoch möchte ich einen Zweig dieser wichtigen alten Weisheiten zum Besten geben.

Geburtszahl

Jeder von uns hat einen Tag, an dem er geboren worden ist. Ganz gleich an welchem Wochentag, in welcher Woche, in welchem Monat oder Jahr, dieser Tag liegt fest, er hat ein ganz bestimmtes Datum. Allein dieses Datum ist für uns außergewöhnlich entscheidend und auskunftsträchtig, denn es zeigt uns exakt den Weg der Charakterentwicklung, den jeder gehen sollte. Des Weiteren hat uns der Kosmos etwas geschenkt, was leider in den letzten fünfzig Jahren fast ganz der Vergessenheit anheimgefallen ist, weil sie mehr oder weniger als veraltete Eigenschaften missverstanden worden sind. Für unsere modernen Jugendlichen galt das von den Alten Überlieferte als antiquierter »Altersmüll«. Weg vom Tisch!

Diese wertvollen Begriffe sind vom Kosmos niemals als Eigenschaften gedacht worden, sondern als Leitseile, wie etwa das Seil, das beim Besteigen eines Berges die Bergsteiger miteinander verbindet.

Diese Begriffe sind geordnet in Lebenswege, die ein diesem Lebensweg zugeordneter Mensch gehen sollte. Das bedeutet, dass er die Werte der **Tugenden** als Reifungsziel aus der Negativität ins Positive wandeln sollte, Schritt für Schritt. Jeder dieser Wege bezieht sich auf eine ganz bestimmte Zahl, nämlich auf das Datum des Geburtstages, und damit auf deinen Geburtstag und folglich auf deine Entwicklung. Wir wissen das aus der Mathematik, der Astrologie und vielen Überlieferungen verschiedenster, weit zurückliegender Zeitalter. Viele Künstler und Wissenschaftler haben sich damit auseinandergesetzt und Dokumente geschaffen, die dieses Wissen zeitlos überliefern sollten.

Auf NEUN Grundzahlen und zwei Sonderzahlen baut sich unser Resonanzverhalten auf; es wird gesteuert von neun Planeten und etlichen kleinen, zum Teil noch unentdeckten Himmelsbrocken, die nur wenig Einfluss auf unser Verhalten auszuüben scheinen.

Alle Summen unterschiedlicher zweistelliger Geburtsdaten lassen sich durch Quersummenrechnungen auf eine der Grundzahlen reduzieren. Diese symbolisieren Grundschwingungen jeden beliebigen Datums. Es handelt sich also um die Geburtszahlen von 1 bis 9. Die 10 und 11 werden nicht quer gerechnet. Alles andere über 11 und 22 wird durch die Quersumme auf die Grundzahl reduziert. Die 10 ist DIE göttliche Zahl = 1; 11 und 22 sind zwei Meisterzahlen, die ebenfalls nicht reduziert werden dürfen. Ansonsten gilt: zum Beispiel bei der Geburtszahl 23 = 2 + 3 = 5. Die 5 wäre also deine Grund- oder Geburtszahl. Die 30 kannst du gerne quer rechnen, da bleibt es schlicht bei der 3. Das gilt gleichermaßen für die 20 = 2 und die 28 = 2 + 8 = 10 = 1 usw.

So weit also die Errechnung deiner Geburtszahl. Und nun die Bedeutungen der zu bewältigenden Lebenswege.

Die Zahl EINS

Die EINS ist die göttliche Schöpfungszahl und damit Ausgangspunkt allen Lebens. Ein Zündfunke göttlichen Geschehens. Lucis, das Licht; Luzifer als Lichtbringer, nicht als Teufel. Allerdings ist das Licht aus der Einheit herausgefallen zur Zwie Gesichtigkeit, sprich PLUS und MINUS. Der Einser hat bei seiner Geburt den Zündfunken der Schöpfung empfangen, eben aber auch die Zwie Gesichtigkeit. Dementsprechend kann er in seinem Leben sprühend und anregend sein; aber auch das Gegenteil wird ihn von Zeit zu Zeit beherrschen. Er hat spontane Geistesblitze und Einfälle, mit denen er ausweglos erscheinende Situationen und Probleme erhellen und lösen kann.

Die Zahl Eins steht für Einfachheit und Einzigartigkeit. Die Silbe -zig drückt Vielfältigkeit aus. So kann der Einser sich auf vielfältige Lebensumstände, Berufe und Menschen einstellen. Er ist positiv und schöpferisch, originell, ideenreich, zäh, und er steuert seine Ziele sicher und unverrückbar an. Mit seiner Zieltreue ist er in der Lage, seine Schwächen in Stärke umzuwandeln. Sein spezielles Schwächespektrum ist **Uneinsichtigkeit** statt Einsicht, **Verstocktheit** statt Reue, **Lüge** statt Wahrheitsliebe, **Habsucht** statt Verzicht, **Drückebergerei** statt Opferbereitschaft, **Schadenfreude** statt Hilfsbereitschaft, **Unhöflichkeit** statt Höflichkeit, **Härte** statt Milde, **Ungeduld** statt Geduld und **Zweifel** statt Hingabe.

Je mehr der Einser diese Schwächen überwindet, umso eindrucksvoller entwickelt sich bei ihm eine natürliche Autorität, die ihm respektvolle Anerkennung verschafft. Innere Klarheit und bemerkenswerte Ausdruckskraft lassen ihn im Laufe der Zeit zum Regisseur seines Lebens werden. Das heißt, dass er immer genauer erkennt, wer er ist, was er will und was ihn leben lässt. Außerdem versteht er dadurch, seine Fähigkeiten immer richtiger einzusetzen. Nicht selten wird er zum Vorbild und zur Leitfigur, zum Anführer anderer Menschen.

In seinen Beziehungen ist der Einser flexibel und stellt sich schnell auf Veränderungen ein. **Eigensinn und Egozentrik** können allerdings nachhaltige Stolpersteine in Partnerschaften bedeuten; er kann aber auch gut alleine leben, vielleicht weil ihm am ehesten klar wird, dass es auf dieser Lebensebene sehr schwer für ihn sein dürfte, eine echte Verschmelzung einzugehen. Er ist eben ein EINSER, ein Einzelgänger. Wenn er aber seinen Liebespartner entdecken darf, wird er ein treuer, fürsorglicher Partner sein.

Die Zahl ZWEI

Die **ZWEI** bezieht sich auf Menschen mit den Geburtszahlen 2 und 20. Ihr Symbol ist die Strecke zwischen zwei Punkten. Sie ist dem Mond zugeordnet; kein Wunder, dass sich viele Volkslieder mit Mond und Zweisamkeit beschäftigen. Liebespaare wissen sicherlich diesen Umstand zu schätzen. Der Zweier wünscht sich einen Lebenspartner, mit dem er glücklich sein und seine Sorgen teilen kann. Er zeigt sich besonders idealistisch, sanft und zärtlich. Neben dem Hang zum Romantischen ist ihm aber auch praktisches Talent in die Wiege gelegt. Mithilfe fremder Voraussetzungen entwickelt er sekundäres Erfindertum. Viele betriebliche Verbesserungen gehen auf sein Konto.

Häufige körperliche Schwächen gleicht der Zweier durch Geduld und Ausdauer aus. Mit starken **Stimmungsschwankungen**, innerer **Zerrissenheit** und **Überempfindlichkeiten** erschwert er sich häufig sein Leben, und das lässt ihn zur Melancholie neigen. Andererseits ist er anpassungsfähig. Seinen Lebensweg kann er dadurch verfehlen, indem er **sich selbst verleugnet**. Das liegt daran, dass der Zweier sich zumeist im Spiegel der anderen erlebt; das heißt, er fühlt sich auf positive Rückmeldungen seines Gegenüber angewiesen. So fragt er stets danach, was die anderen dazu sagen oder denken: Wenn ich dieses oder jenes tue, wie würden die anderen reagieren?

Zweier können sich sehr mitfühlend auf andere Menschen einstellen, sind gute Psychologen oder sogar Pädagogen; aber immer unter dem Siegel der Fremdbestimmung. Sie entwickeln dadurch **zu wenig Eigeninitiative**, Unabhängigkeit und Autorität, um als Selbstständige im Beruf bestehen zu können. Dafür können sie fürsorglich und mütterlich auf Kleinkinder und Tiere eingehen. Das gilt auch für Männer.

Der Tugendweg der Zweier bezieht sich auf **Unverant-wortlichkeit** gegenüber der notwendigen Verantwortlichkeit; **Unverständnis** sollte gewandelt werden in Verständnis; **Unfreundlichkeit** bedarf der Regulierung in Freundlichkeit; **Feindseligkeit** steht der Furchtlosigkeit und **Ängstlichkeit** der Friedfertigkeit gegenüber. Er hat also reichlich zu tun, um seinen Charakter zu wandeln. Liebe zu geben hängt eng mit der harmonischen Regulierung der Untugenden zusammen. Liebesbeziehungen kranken gerne an der **Entschlusslosigkeit**. Kranke Ehen sind nicht selten.

Die Zahl DREI

Wer am 3. 12. und 21. eines Monats geboren ist, zählt zu den sogenannten Dreiern. Diese Zahl steht für Vergangenheit und Zukunft und ist die Zahl der Dynamik. Im esoterischen Bereich wird das als AKASHA-Prinzip bezeichnet. Sie ist kraftvoll, magisch und kann unendlich weit geführt werden. 3 – 6 – 9: Das ist die sogenannte dynamische Achse. Die Verwandtschaft untereinander ist unverkennbar.

Der Dreier ist vielschichtig interessiert und immer für Neues offen. In seinem Ehrgeiz mag er sich nicht unterordnen, außer wenn das Gesetz oder höhere Gewalt dieses fordert. Wegen seines Ideenreichtums ist er meist beliebt, zumal er sich niemals aufdrängt und sich gut anzupassen vermag. Zumeist stammt er aus kleinen bis mittleren Verhältnissen und neigt selbst auch zu entsprechenden Berufen: Beamter, Lehrer, Sozialangestellter, Pfarrer, Kaufmann, Jurist und Mediziner. Je selbstständiger er in diesen Berufen ist, umso wohler fühlt er sich; er besitzt andererseits nicht den Ehrgeiz, Macht auszuüben. Dafür ist er in seinem Milieu ein kleiner König im besten Sinne. Das trägt ihm allzu leicht das Ansehen eines hochmütigen Menschen ein. Das ist keineswegs so; aber durch seine negativen Eigenschaften wie **Herrschsucht** und **Abkapselung** kann der Dreier ganz leicht verschlampen, und das trägt natürlich sehr schnell zu diesem Eindruck bei. Das dürfte er natürlich nicht zulassen.

Selbstbemeisterung wäre hier die Forderung gegenüber einer sonst sich ausbildenden **Oberflächlichkeit**. Der Drang dazu ist leider sehr ausgeprägt, weil die vielseitigen Interessen dazu verleiten können, nichts zu Ende führen zu wollen.

Sein Weg enthält vielerlei Verlockungen, denen seine Dynamik mit Vergnügen folgen möchte. Das macht seinen Weg steinig und beschert manchen Umweg, auch in der Liebe. Jupiter treibt mit ihm sein Spiel.

Innere und äußere Unordnung wie **Unreinlichkeiten** sind gerade so zu überwinden wie **Leichtfertigkeit**. Mit Überlegung und Kritikfähigkeit kann er innere Stärke und Stetigkeit erwerben und wandelt dadurch gleichzeitig **Untreue** in Treue. Erreicht er zudem auch noch Bedachtsamkeit, Zuverlässigkeit und Festigkeit, so wird sich seine **Überheblichkeit** alsbald in Tiefgründigkeit wandeln. Diesen Weg zu meistern wird indes diesen Jupiternaturen nicht schwerfallen. Eine beständige Liebesbeziehung wird dem Dreier in der Regel erst im Ende des ersten Lebensdrittels beschert sein.

Für alle Geburtszahlen gilt, und auch hier, dass jeder alle Tugenden und Untugenden haben kann.

Die in dieser Reihenfolge genannten sind jedoch als Weg für den betreffenden Zahleninhaber bindende Reifungsvoraussetzungen.

Die Zahl VIER

Repräsentiert Personen, die am 4., 13. und 31. geboren worden sind. Die Leitschwingung für die positive Lebensbahn des Vierers verstärkt sich durch Symbole wie ein gleichschenkliges Kreuz oder ein Quadrat.

Ein Vierer zeichnet sich im Kontakt mit anderen Menschen meist als Vertreter entgegengesetzter Standpunkte aus. Er erkennt frühzeitig Probleme und Chancen und scheut sich nicht davor, sie rückhaltlos offenzulegen und sie zu bewältigen. Er setzt sie oft mit Schwung und witziger Schlagfertigkeit durch. Meistens ist er völlig anderer Meinung als seine Umgebung. Seine Denkmuster sind schwarz-weiß, seine Anschauungen fest gefügt und klar, er bewahrt in seinen Gedanken eine strenge Ordnung.

Selten ändert der Vierer seine Meinung, und hat er sie einmal gefasst, kann er sie durch **penetrante Sturheit** verteidigen. Zwischenmenschliche Beziehungen werden dadurch erheblich belastet. Aus diesem Grund sind viele Vierer Eigenbrötler, Querköpfe und Quertreiber der Gesellschaft bis hin zum Anarchismus. Als **Ehemuffel** vom Dienst sind sie berühmt, selbst wenn sie sich bemühen, gefühlsmäßig davon Abstand zu halten. Als sehr schwierige Ehepartner benötigen sie in jedem Falle genügend Freiraum, um ihre eigenen Interessen wahrnehmen zu dürfen.

Ist der Vierer ein Außenseiter, so hat das in seinen Augen nur den Anschein. In Wirklichkeit, meint er, sind es die anderen, die Angepassten, die ihre Lebensrichtung und Meinung wie ihr Hemd zu wechseln vermögen und deswegen unschlüssig herumirren. Nur aufgrund ihrer Mehrzahl meinen sie, die öffentliche Meinung zu repräsentieren. Das ist wiederum Folge seiner **Eingleisigkeit**. Der Vierer denkt in der Regel eindeutig und handelt auch so, auch wenn es falsch ist, was er meint.

Wie kein anderer kann der Vierer seine Extreme bis zur Neige ausschöpfen, wobei er in der Lage ist, **verquere Ansichten** angeblich logisch zu begründen. Sein Leitsatz lautet:»Wie kannst du recht haben, wenn ich recht habe!«

Da steht Dummheit gegenüber Klugheit, **Unbelehrbarkeit** gegenüber Lernbereitschaft, **Stumpfheit** gegenüber Gedankenschärfe, **Rücksichtslosigkei**t gegenüber Rücksicht, **Unberechenbarkeit** gegenüber Berechenbarkeit und **Verschlossenheit** gegenüber Offenheit. Andererseits hat der Vierer wie kein anderer die Chance, seine negativen Aspekte ins Positive zu wandeln. Damit ist er in der Lage, kranke Liebesbeziehungen in glückliche Gefilde zurückzuführen. Sein größter Stolperstein ist die **Sturheit.** Überwindet er sie nicht, isoliert er sich immer mehr und muss im Alter mit Verkalkung oder Arteriosklerose rechnen. Wirbelsäulenerstarrung, Knieveränderungen und Starrköpfigkeit sind dann unmittelbare Folgen. Entwickelt er allerdings seine Tugenden, kann er enorme Gedankenschärfe und klares Bewusstsein entfalten, Probleme virtuos lösen und eigenständige virtuose Leistungen erbringen. Er könnte ein Herrscher werden und muss sich hüten, zu einem Unbeherrschten zu degenerieren.

Die Zahl FÜNF

Sie steht für Geburtstage am 5., 14. und 23. eines Monats und repräsentiert den Mikrokosmos im übergeordneten großen kosmischen Zusammenhang. Sie entspricht alltäglichen Gegebenheiten, wie zum Beispiel den fünf Fingern an einer Hand, den fünf Zehen an einem Fuß und spiegelt sich wider in den fünf Lebensaltern des Menschen: Embryo, Kind, Jüngling/ Jungfrau, Mann/Frau, Greis/Greisin.

Als halbe Zehn drückt man sie durch fünf Flächen der Vierkantpyramide oder durch ein Fünfeck aus. Auch ein Fünfstern wäre als schmückendes Symbol zu verwenden. Der Fünfer ist dynamisch, vielseitig und zumeist intelligent. Er hat eine rasche Auffassungsgabe, reagiert schlagfertig und kann durch seine ausgeprägte Menschenkenntnis andere – auch unliebsame – Personen für sich einnehmen. Da er sehr **empfindlich** und leicht **verletzbar** reagiert, ist der Umgang mit ihm für seine Lebenspartner nicht immer leicht, zumal sein Jähzorn oft unberechenbar und unkontrolliert hervorbricht. Mit seiner leichten Reizbarkeit macht er sich und anderen das Leben schwer – bewältigt er das jedoch, kann er bei esoterischer Ausrichtung ausgesprochen heilende Hände entfalten.

Beredt und gewandt mit Worten kann er sich gut darstellen und wird als Hans Dampf in allen Gassen wegen seiner fröhlichen Geselligkeit geschätzt. Für eine Ehe ist der Fünfer wenig geeignet, denn im Grunde ist er bindungsunwillig und bleibt selten treu; es sei denn, er geht einen auserwählten esoterischen Weg zusammen mit einem Partner. Während er seinem Lebenspartner gegenüber noch Süßholz raspelt, hält er am anderen Arm schon den nächsten Partner im Arm parat. Verständlicherweise verfängt er sich dadurch rasch in einem Lügennetz. Für alle Sinnlichkeit offen genießt er intensiv, verankert aber seine Seele bei niemandem. Da er sich nicht bindet, baut er sich keine Abhängigkeiten auf. Seine größte Hürde im Leben ist die Genusssucht, die er unter allen Umständen überwinden sollte, um geistige Freiheit zu erlangen. Sie stellt die Hauptursache für diverse Krankheiten dar.

Sein Lebensweg ist gefährdet durch **Konsumzwang, Begierden, Unreinheiten, Schamlosigkeiten** und dadurch erworbene **Unfreiheiten.**

Die Zahl SECHS

Das Symbol des SECHSERS ist die sechseckige Hermestafel und der Sechsstern. Zu den Sechsern gehören die Geburtstage des 6., 15., und 24. eines Monats. Alle irdischen Taten vom SECHSER wirken wie bei keinem anderen direkt ins Jenseits hinein, was bedeutet, dass alles, was er positiv denkt und tut, oder auch im negativen Sinne, direkt in den Kosmos strahlt und von dort entsprechend auch beantwortet wird. Das Wort Liebe scheint dem SECHSER unbekannt zu sein. In seinem Ego gefangen kann er nicht ins DU finden. Seine Aufgabe besteht darin, seine vom Sex isolierte Liebe in Hingebung und Zuwendung zu wandeln. Um das zu erreichen, ist er gehalten, über die Herstellung der äußeren Ordnung die innere zu realisieren. Die egoistischen Sexpotenziale sollten gewandelt werden in DU-Potenziale. Dazu sollte man lernen, zuzuhören und sich nicht Problemen anderer zu verschließen.

Der Grad seiner Entwicklung lässt sich daran messen, inwieweit **Verschwendungssucht, Schwärmertum** und **Eifersucht** zu integrieren und zu überwinden sind. Werden diese nicht bewältigt, entstehen rheumatische und allergische Leiden. Seine berufliche Entwicklung wird ausschließlich auf Erfolgskurs gehen, wenn er diese Voraussetzungen genauestens erfüllt. **Ordnung, Liebe** und **Beruf** hängen für ihn untrennbar miteinander zusammen. Vernachlässigt er auch nur einen dieser drei Sektoren, erleidet sein Lebensweg unmittelbare Einbrüche in Form von Krankheit oder beruflichen Fehlschlägen.

Der SECHSER ist neugierig und steckt seine Nase überall hinein; dabei reizt es ihn zu missionieren, was seiner Umgebung kräftig auf die Nerven geht. Sein Tugendpfad weist die Auseinandersetzung zwischen **Tyrannei** und Ausgleich auf, das heißt, er kann andere ausbeuten und **unterdrücken** – was leider sehr häufig der Fall ist –, aber ebenso wenig ist er in der Lage, mit Charme und Harmonie Ausgleich zu schaffen. Bekommt er diese Diskrepanz nicht in den Griff, wird sein Weg emotionsgeladen verlaufen. Notwendige Gradlinigkeit sollte nicht leichtfertig verspielt werden.

Umwege in der Liebe mit mangelnder Hingabe und Ordnung im engeren Umfeld bedingen wechselnde Partner und wechselnde Berufserfolge. Eine ständige, erfüllende Partnerschaft kann sich erst um das dreißigste Lebensjahr einstellen. Entscheidende Reifungsimpulse treten erst durch Kontakt mit höher entwickelten Personen ein.

Die Zahl SIEBEN
Sie entspricht einem Geburtstag am 7., 16. und 25. eines Monats. Die Sieben fand in vielen Kulturen über die Jahrtausende als außergewöhnliche Zahl ganz besondere Beachtung. Nicht

umsonst spricht man heute noch vom siebten Himmel. In allen esoterischen Bereichen finden sich Siebenteilungen: siebenarmige Leuchter, sieben Grundfarben, sieben Grundtöne, sieben Zwerge, sieben Schöpfungstage, sieben Siegel, sieben Wochentage, sieben Erzengel und sieben Devas. Diese Liste ließe sich noch beliebig verlängern. Den Spaß überlasse ich dir.

Der SIEBENER ist ein dynamischer Mensch der Liebe, Harmonie, Tugend und Barmherzigkeit. Nur unter diesem Siegel kann er zu sich selbst finden und ein erfülltes Leben zum Erfolg führen. Als Abenteurer liebt er jedoch die Abwechslung und genießt es förmlich, sich neue Wissensgebiete zu erobern.

Seine Abenteuerlust treibt ihn, je nach geistigem Potenzial, in ferne Länder, zu Forschungen, in unerschlossene Gefilde, aber auch in höchste kulturelle Genüsse. Hobby und Beruf sind nicht selten eins. In der Liebe neigt er dazu, seinen Partner zu idealisieren und mehr in ihn hineinzugeheimnissen, als dieser zu bieten vermag. Hernach leidet er unter seiner Enttäuschung, bis ihn seine Entdeckerfreudigkeit in das nächste Liebesabenteuer hineindrängt. Andererseits kann der SIEBENER auch über längere Zeiträume hinweg platonische Liebesbeziehungen pflegen.

Viele SIEBENER sind Eigenbrötler und Individualisten, haben häufig hellsichtige Gaben und ausgeprägte Intuitionen. Obwohl sie ausgeprägte Einzelgänger sind, zieht es sie immer wieder in fröhliche Geselligkeit. Dabei sind echte Freundschaften bei ihnen Mangelware. Einerseits sind SIEBENER interessiert an Philosophie, Kunst, Religion, Mystik und alles Hintergründige, andererseits verblüffen sie ihre Mitmenschen mit geschickten kaufmännischen Eigenschaften. Sie können großzügig sein, behalten aber immer ihre wirtschaftlichen Sicherungen weit vorausschauend im Auge.

Der SIEBENER kämpft in seinem Leben immer wieder zwischen zwei Polen: 1. der **völligen Zurücknahme** und **über-**

triebenen **Bescheidenheit**, was bedeutet, ständig sein **Licht unter den Scheffel zu stellen** und sich **vor Verantwortung zu drücken**, was sich als Negativum auf die Liebe auswirkt. 2. der **Weisheit**, die ihn selbstkritisch macht und offen für Probleme anderer. Liebe und Partnerschaft pendeln zwischen diesen beiden Fakten. Entfaltet er Weisheit, wandelt er **Hastigkeit** in Ruhe. Seine Handlungen werden weislich überlegt, Positivum für die Liebe. **Trübsinn** wird zu Frohsinn, **ewiges Kränkeln** muticrt zu stabiler Gesundheit, **Lethargie** ändert sich in Aktivität, **Verschlossenheit** in Offenheit.

In Weisheit wird er seinem Lebensauftrag gerecht und kann gleichzeitig virtuos die Lebensaufgabe anderer lösen. Die Sieben verkörpert eine geheimnisvolle Zahl. Nicht nur, dass sie die Zahl der Liebe darstellt, sondern man kann z. B. 10, 100, 1000 bis zu unendlich vielen Nullen durch die Sieben teilen, so bekommt man als Ergebnis eine endlose periodische Zahlenkette als Lösung: 1, 2, 4, 8, 5, 7. Diese Periode wird wegen ihrer Unendlichkeit als Gottes Zahl bezeichnet, sie bedeutet »Gott«, »Schöpfer« und alles, was aus dem Höchsten geboren werden soll. Die Quersumme zeigt in jedem Falle eine 9, und die ist im Endlichen die letzte Zahl des Materiellen.

Die Zahl ACHT

Sie repräsentiert sich aus den Daten 8., 17. und 26. eines Monats. Ihr Wahrzeichen ist die allseits bekannte liegende Acht, die mit der einen Schlinge den Menschen mit seiner materiellen Umgebung und mit der anderen Schlinge den Makrokosmos darstellt. Insgesamt zeigt sie den Menschen als Diener des ganz großen Erhabenen. Sie wird somit auch als die Zahl des Dienens bezeichnet.

Gleitet der ACHTER von dieser Grundforderung ab, wird aus ihm **ein Übelnehmer** und **Nachträger**, wobei er immer wieder versucht, niedere Umstände anderen zur Last zu legen. Aufgabe hat etwas mit aufgeben zu tun, aufgeben etwas von sich selbst. Zugegebenermaßen ist das Schicksal eines ACHTERS mit schwerem Karma belastet. Geht er mit seinen Tugendforderungen leichtfertig um – eventuell weil er davon nichts weiß –, verwandeln sich alle Glückstage ins Gegenteil. Sein Charakter ist vielschichtig und teilt sich in zwei Grundtypen: 1. hartes Schicksal, harter unliebsamer Charakter, unnahbar, Asket und Eigenbrötler oder 2. hartes Schicksal, beliebt, edel, ehrenhaft, berühmt und offen. Beiden ist eine gewisse Suizidtendenz zu eigen.

Ersterer hat seinen Lebensweg verfehlt und nicht erkannt, läuft am Lebensglück vorbei als eingefleischter Einzelgänger, der sich nur schwer öffnen kann. Letzterer ist dabei, im kosmischen Sinne sich zu überwinden und auszureifen.

Meistens wird der ACHTER verkannt, weil er sich als eingefleischter Einzelgänger nur schwer öffnen kann, was allzu leicht zur Folge hat, dass **Fanatismus** sich ausformt. Ursache dafür ist Mangel an fremder und konstruktiver Kritik. Keiner oder nur sehr wenige Freunde meiden solche Menschen, um sie nicht zu verärgern. Feinde finden sich dafür umso mehr. Er ist aber nicht nur verschlossen und unnahbar; er ist auch mutig, selbstlos, genügsam und setzt sich oft für andere ein, wenn sie in Not sind.

Verstand, Intellekt und Geist prägen gleichermaßen seine Mentalität. Zum anderen Geschlecht hat der ACHTER ein gestörtes Verhältnis. Liebe und Sexualität werden unterdrückt und nur gelegentlich ausgelebt, was dann oft genug in hemmungslosen Intervallen geschieht. Vieles vollzieht sich als Reifung durch krasse Gegensätzlichkeiten: **Nachträgerisch** ist seine größte Hürde, die es zu überwinden gilt. Lohn der Überwindung wird eine große Freiheit sein, von und über die Materie. Mit **Ungeduld** reagiert er auf Kritik in jeder Form, bis er erkennt, dass die konstruktive Kritik für ihn wertvolles Gedankengut sein kann.

Ist das erst erkannt, ändert man auch das eigene Verhalten in Bescheidenheit, **Kleinlichkeit** in Großzügigkeit. Man ist dann auch geneigt, andere nicht zu ärgern, wodurch **Kränkeleien und Gekränktsein** von einem weichen und sich wandeln in kraftvolle Gesundheit. Bisweilen stellen sich sodann sogar Heilkräfte ein. Dieses saturnische Schicksal ist wohl das schwerste, was ein Mensch sich aussuchen kann. Seine erfolgreiche Bewältigung ist wohl die größte kosmische Anerkennung.

Die Zahl NEUN

Resultiert aus den Geburtsdaten 9., 18. und 27. eines Monats. Sie ist die Zahl Gottes in der Materie, seine Tatkraft zur Schöpfung in deren Vergänglichkeit. Im esoterischen Bereich wird sie als Uridee der Astralwelt bezeichnet.

Ohne Frage ist sie die dynamischste aller Zahlen, sie beinhaltet dafür aber auch den höchsten Grad an Leid und Leidensfähigkeit. Ihr Symbol ist die Monade oder auch der Neunstern, wie der von Gattermanns Nähseide.

Der NEUNER ist ein sehr starker Mensch, sowohl körperlich als auch im seelischen Gefüge. Natürlich schließt das sowohl positive als auch negative Eigenschaften mit ein. Im Guten wie im Bösen geht er keinem Konflikt aus dem Weg. Bei Nichtbewältigung seines notwendigen Tugendweges wird er schließlich gewalttätig und hinterhältig. Im positiven Fall erscheint er seiner Umgebung tapfer und fair. Er ist ein ausgesprochen marsischer Mensch, eine Kämpfernatur, die um jeden Preis seine Selbstständigkeit erreichen will. Trotz vieler Widerstände erreicht er dieses Ziel auch. Jugendliche mit dieser Zahl schneidern sich in ihrem Übereifer ihre Probleme selbst, denn sie können schwer ihre Grenzen erkennen. Findet der NEUNER keine Selbstständigkeit, so dominiert er in Berufen, die Durchsetzungskraft erfordern: Offiziere, Feldwebel, Truppführer im Bergbau und Ähnliches.

Die in der Neun enthaltene dynamische Achse 3 – 6 – 9 kann mit ihrer Durchsetzungskraft leicht über das Ziel hinausschießen und damit sehr verletzen. Sie kann durch **Verlust der Beherrschung** zum Beherrscher degenerieren. So manchen Freund oder Verwandten treibt er auf diese Weise aus dem Haus. Keinesfalls führt er ein geruhsames Leben. Wie bei keiner der anderen Zahlen wird er auf dem Weg zur Reifung durch so krasse Gegensätzlichkeiten begleitet: **Egozentrik** und **Nabelschau** stehen der höchsten Form von Universalität gegenüber. **Genusssucht** in höchster Potenz sieht sich der Hingabe als edler Charakterzug gegenüber. Gleiches gilt für *Protzigkeit* und Feinfühligkeit, **Rücksichtslosigkeit** gegenüber Rücksichtnahme, **Zotigkeit** gegenüber feinsinnigstem Humor, **innere Kleinheit** gegenüber universeller Bildung bei großzügigem sozialem Engagement.

Im Übrigen ist die Zahl Neun **die** Zahl der Lehre und der höchsten Vielfältigkeit in der Begrenzung der Materie. Wie bei allen anderen Zahlen wird die NEUN, wenn sie aus 18 oder 27 gebildet wurde, durch die Einer (8 und 7) negativ verstärkt, während sie durch die Zehner (1 und 2) einen positiven Einfluss erfährt. Das gilt im Übrigen für alle anderen Zahlen auch. Wie die SIEBEN stellt auch die NEUN eine magische Größe dar. Sie ist die einzige unter allen anderen Zahlen, die man mit jeder beliebigen Zahl multiplizieren kann, bei der bei jeder Quersummenrechnung immer eine NEUN resultiert: z. B. 5 x 9 = 45 – Quersumme = 9; 11 x 9 = 99 – Quersumme = 9. Du kannst es gerne ausprobieren.

Die Zahl NULL

Sie ist die höchste Zahl, in der sich alle anderen verbergen. Als Symbol des Unendlichen wird sie uns annähernd verständlich, wenn man in ihre Mitte einen Punkt platziert. Sie ist keineswegs NICHTS! Sie stellt eine Dimension dar, die sich gerade gegenwärtig zu erschließen scheint: das sogenannte NULL-PUNKT-FELD. Aber auch das entzieht sich in Wahrheit unserem Begriffsvermögen. Erst mit dem Punkt in der Mitte wird die Geschichte wieder für uns verständlich, denn dann dreht es sich um die

ZAHL ZEHN

Diese existiert zwar im zyklischen System der kleinen Kabbala nicht, zumal sich ihre Quersumme immer wieder auf die EINS reduziert. Immerhin gibt sie uns Auskunft über die große dimensionale Spannung zwischen dem, was wir Gott nennen, und der kleinsten Welt der Materie. Wie schon gesagt, drückt sie geradezu sichtbar mit ihrem Symbol die höchste kosmische Spannung der Unendlichkeit bis zur höchsten Verdichtung der Materie in einem Punkt aus.

Was dich bei dieser Geburtszahl erwartet, kannst du getrost bei der Zahl EINS ablesen, denn ich glaube nicht, dass du Ambitionen hast, den lieben Gott zu spielen.

Statt eines Punktes in der Mitte wird das Symbol der ZEHN auch als Kreis mit einem Quadrat drum herum dargestellt, aus der Vorstellung heraus, dass in jeder Materie Gott enthalten ist. In Kirchenfenstern sieht man bisweilen ein Fünffachkreuz in einem Kreis. Man könnte das so interpretieren, dass alles, was die Materie in Gott angeht, niemals ohne ein Kreuz auf dem Buckel zur Reifung gelangen kann. Und wie oft höre ich den Seufzer, dass dieses Leben ein Kreuz sei. Sei bitte so klug und vermeide solch eine Situation. Wie war das noch: Achte auf dein Bauchgefühl.

Die Zahl ELF

Auch sie hat im zyklischen Sinn der kleinen Kabbala keine Bedeutung, wohl aber in der Beurteilung von Charakterbildern. Sie besitzt die Eigenschaft, Negativaussagen in positive zu nivellieren, wenn ihre Tugendaussagen nicht verletzt worden sind. Bei Verletzung derselben jedoch gerät die Fatalität der Nivellierung ins Negative. Fällt der Tugendweg steil ab, bedeutet das große Gefahr, **Verrat** und mehr oder weniger Schwierigkeiten in Liebe, Ehe, Geldangelegenheiten und Gesundheit. Ganz besonderes Gewicht haben in diesem Sinne **Fanatismus** gegenüber Offenbarung, **Sturheit** gegenüber geistiger Beweglichkeit, **Verführung** gegenüber Führung, **Anstifterei** gegenüber Lehren und Führen, **innere Blindheit** gegenüber Erkenntnis, **Kleinmut** gegenüber Großmut, **Fanatismus** gegenüber Freizügigkeit. Diese gegensätzlichen Eigenschaften bieten sich als besonders schwergewichtige Wegbegleiter für all jene, die diese der ELF zugehörigen Eigenschaften führen.

Hier scheint mir die Bemerkung angebracht, dass sie als halbe ZWEIUNDZWANZIG durch zweimal die EINS zusammengesetzt ist. Genau das soll auch das Symbol der ELF ausdrücken. Es handelt sich um zwei übereinanderliegende, stumpfwinklige, nach oben zeigende spitze Linien. Diese beiden Winkel lassen sich sinnbildlich als die Schirmherrschaft Gottes über die Materie interpretieren. Das große EINE, über allem schwebend, wirkt schützend ein auf die Materie.

Schau sie dir nur an, wie die Sonne in einem See badet. Siehst du sie nun wirklich? Nein, du siehst nur ihr Spiegelbild. Schau nur zum Himmel, pass auf, dass ihre Strahlen dir die Augen nicht verbrennen. Sage mir, siehst du sie jetzt? Auch das nicht! Was du wahrnimmst, sind ihre Strahlen. Und dort, wo du meinst, dass du die Sonne wahrnimmst, ist sie längst verschwunden und gut eine Handbreit weitergewandert. Siehst du, so ist das, Gott können wir nur erahnen, niemals direkt erleben.

Die Elf als Meisterzahl darf bei der Ermittlung von Zahlenverwandtschaften nicht quer gerechnet werden. Das gilt auch für die ZWEIUNDZWANZIG, mit der eine enge Verwandtschaft besteht. Ansonsten gibt es keine Verwandtschaft, weder mit geraden noch ungeraden Zahlen. Das bedeutet, dass nur Liebesbeziehungen zwischen ELF und ZWEIUNDZWANZIG Aussicht auf eine harmonische Verbindung haben.

Die Zahl ZWEIUNDZWANZIG
Sie wird symbolisiert durch zwei parallele übereinanderliegende Linien. Ich denke dabei an Eisenbahnschienen, die am Horizont zusammenzulaufen scheinen. Ist das nicht ein gutes Symbol für Täuschung? Ähnlich wie bei der Elf gelten hier die gleichen Kautelen. Als großer rettender Engel bei Negativaussagen nicht erfüllter Tugenden. Treten allerdings unerfüllte Tugenden der ELF oder Zweiundzwanzig auf, wird der kommende Lebensweg steil bergab verlaufen. Führt hingegen der Weg aufwärts, drückt sich das in Form höchster Meisterschaft aus.

Negativaussagen eines solchen Lebensweges sind **Anstifterei zu materiellen Untaten** gegenüber harter Selbstbemeisterung zur Meisterschaft über die Materie, **Schadenfreude** aus dem Hintergrund **des Betruges** gegenüber einer Herzensfreude durch hilfreiche Taten, **Unglück durch eigene Schuld** gegenüber Glück durch eigene Tüchtigkeit, **Feigheit** gegenüber einer Leidbereitschaft, die sich nicht um große Katastrophen herumdrückt und trotzdem hilft, **Disharmonie** oder Harmonie darf dann sein Ziel sein; in diesem positiven Fall würde es die Meisterschaft in und über die Materie bedeuten. Er könnte als Meister lehren und anleiten. Meister und Künstler wären in diesem Falle gleichzusetzen.

Ich habe hier versucht, bewusst zu machen, dass Leben und Liebe von einer enormen Vielfalt abhängig sind, die in der jeweiligen Veranlagung des Einzelnen zu schweren und schwersten Entartungen führen kann, wenn sie nicht Beachtung findet.

Notwendig scheint mir, dass der Mensch wieder lernt, als Glied einer Kette die Qualität seiner selbst zu erkennen. Hat er das bewältigt, kommt die Liebe ohne großes Suchen freiwillig zu ihm. Findet er nicht sein eigenes Menschenbild, wird ihn auch ein zu ihm passender Partner nicht erkennen können. Quintessenz ist doch wohl: Lerne, dein Geburtsdatum auszuwerten, erkenne die dir speziell vom Kosmos zugedachten Tugenden und erfülle sie mit Freude und Leben. Bisherige Bekannte werden dich unter Umständen verlassen. Neue und andere Niveaustufen als jene kommen auf dich zu. Beruflich wirst du positive Veränderungen erfahren. Du wirst lernen, die Welt mit anderen Augen zu verstehen. Du wirst begreifen, dass Lieben nicht nur Poppen heißt, es ist etwas Gewaltiges, nicht Beschreibbares, was sich in deinem Leben erfüllt.

»Lieben nur heißt wirklich Leben, schenket anderen Glück.
Wolle lieben, wolle geben, Glück kommt zu dir zurück!«
(Autor unbekannt)

Liebe ist ein kosmisches Geschenk, Glück das irdische Echo. Wer das erfährt, wird wissen, wie pfleglich damit umzugehen ist. Liebe ist zunächst ein zartes Pflänzchen, das der Pflege bedarf. Kommst du aus einem niederen in ein höheres Niveau, solltest du dich schleunigst darum bemühen, damit zart umzugehen. Es kommt nicht darauf an, wie oft du mit deinem Partner ins Bett steigst. Achte auf ein feines zartes Liebesspiel, das erst nach langer liebevoller Einleitung der sexuellen Entspannung bedarf. Ganz besonders nehme ich meine männlichen Geschlechtsgenossen bei den Ohren. Verflixt noch mal, warum habt ihr »es« so eilig? Ihr seid doch kein D-Zug und erst recht kein STUKA-Flieger. Die Liebe fordert von beiden »vorher und nachher« Dankbarkeit und Besinnung für ein so heiliges Unternehmen, vom Sex besiegelt. Könnt ihr männlichen Geschlechtsgenossen denn nicht begreifen, wie weit ihr beim Geschlechtsakt mit dem Kosmos eng verbunden seid, mit GOTT! Das, was ihr da macht, ist SCHÖPFUNG, auch dann, wenn ihr es nicht gerade darauf angelegt habt.

Natürlich soll euch Schöpfung auch Freude machen, aber nach der Ejakulation ist doch noch lange nicht Feierabend. Deine Frau oder Freundin ist hernach innerlich bemüht, den Samen entweder zur Geburtsvorbereitung sinnvoll einzubetten oder aber das, was du Samenspender an Lebensintensität in sie platziert hast, für ein nächstes Mal würdig umzupolen. Ihr obliegt jetzt die Aufgabe, ihre Geburtsorgane für die nächste Empfangsbereitschaft zu normaler Funktion zu regenerieren. Dies bedarf einer guten psychischen Begleitung, und das geht nicht mal eben so. Dazu benötigt sie deine liebvolle Assistenz und dein geistiges Geleit. Also bitte, wälze dich nicht herunter von ihr wie ein müdes Walross und schlafe postwendend ein! Sprich mit ihr über ihre und deine Lebensplanung und welche Rollenverteilung du ihr zugedacht hast. Horche genau hin, was sie darüber denkt und welche Vorstellung sie hat, und das nicht nur einmal, sondern ein Leben lang; denn jede Lebensphase hat ihre neuen Voraussetzungen, in die ihr als absolute Neulinge hineingehen werdet. Begreifst du bitte! Und vergiss nicht: »Be happy!«

Indem ich das Wort Schöpfung benutzt habe, sollte das für euch wie ein Gebet klingen. Oder bist du dir immer noch nicht klar darüber, dass der sexuelle Kontakt zu deiner Partnerin nicht nur mal so eben, na ja, halt nur Sex sein sollte? Sei kein Narr! Auch wenn aus dem sexuellen Kontakt keine Schwangerschaft hervorgeht und auch nicht geplant ist, so bleibt es eine heilige Verbindung zwischen Mann und Frau als Sinn der Schöpfung. Schon gar nicht sollte der Sex dir als Mann einfach nur der Befriedigung dienen. Das, was du als Erguss produziert hast, ist höchst qualifiziertes Leben, mehr als Hirneiweiß. Und falls deine Frau oder Partnerin diesen mit dem Mund auffängt, konsumiert sie das einfachste und beste Verjüngungsmittel. Es ist eitel Leben! Die Frau hat während des sexuellen Ereignisses ebenfalls einen Erguss, der wie beim Mann hoch vital ist. Wenn nun der Mann, was häufig der Fall ist, sich vor dem Sex an der Scheide verlustiert, ist das ähnlich deinem Erguss von belebender Wirkung auf deinen Stoffwechsel. Also bitte: keine falschen Hemmungen. All das gehört zur Schöpfung.

Nach dem Sex braucht deine Frau mindestens eine gute Stunde, um mit den Folgen der sexuellen Vereinigung seelisch fertig zu werden. Ich bitte dich eindringlich, lass sie nicht in dieser Phase allein. Gut wäre es, wenn am nächsten Tag einer besinnlichen Phase Raum gegeben würde. Besprecht dieses wichtige Erlebnis und plant für ein nächstes Mal, was besser oder anders ablaufen sollte oder welche Gefühle über euch gekommen sind. Wenn ihr das belauscht, werdet ihr merken, dass ihr eingeschlossen seid in ein großes kosmisches Schwingungsfeld, Gesundheitsfeld, Gottesfeld. Macht auf keinen Fall eine Tages- oder Wochenrallye daraus. Liebe braucht Zeit. Gewiss, Sex kann sehr ungeduldig sein: Lasst euch davon nicht verführen. Ihr erhaltet euch auf diese Weise das ganz Besondere bis ins hohe Alter. Selbst die Prostituierte hält nach einem sexuellen Ereignis ihre eigene Bedenkpause ein, halt eben nur allein!

Wenn ich jetzt »SIE«, als Frau, anspreche, so empfehle ich dir, ihn nicht allzu schamhaft zu behandeln, wobei ich in diesem Falle meine Meinung als Mann kundtue. Welcher Mann möchte nicht hin und wieder den Orgasmus bei seiner Allerliebsten betrachten. Bedenke, dein Mann trägt in sich die Gene eines Jägers und möchte das Wild nicht nur erlegen, sondern auch belauschen, ehe er es erlegen kann. Lasse ihn schauen und genieße es, und wenn er dich dabei zum Orgasmus reizt, ist das in Ordnung. Hinterher wird der Sex für dich, und nicht nur für dich, doppelt schön sein. Umgekehrt möchte auch so manche Frau den Orgasmus mit den Augen und mit dem Mund erleben. Natürlich hat das folgenden Hintergrund: Eine Frau in ihrem Haushalt schaut interessiert und unverrückbar auf die Suppe und den Kochlöffel im Kochtopf, wann sie durch Rühren eingreifen muss, ehe die Suppe überzukochen droht, oder?

Schamhaftigkeit ist ohnehin eine anerzogene Merkwürdigkeit, die in den Medien, ganz besonders im Fernsehen, kräftig gefördert wird. Zwingt es nicht geradezu zum Lachen, wenn zwei Liebende im Vollzug eines Liebesaktes gezeigt werden, natürlich unter der Zudecke, und dass hinterher die Schauspielerin ihren Busen krampfhaft mit der Bettdecke verbirgt, um dann bis über beide Ohren verhüllt ins Badezimmer zu eilen. Normalerweise marschieren wir doch, so wie die Natur uns geschaffen hat, durch die Zimmerlandschaft. Na, was ist denn da schon zu sehen? Busen als Anhangsgebilde der Haut, der ist unter Umständen sehr schön. Aber was ist in der unteren Region zu sehen? Ein paar Haare als Dreieck, sonst nichts, Verzeihung, absolut nichts. Die Natur denkt da anders. Wenn ich an meine Tiere denke, Hühner, Hunde, Katzen und Pferde – die zeigen keinem gegenüber irgendwelche Schamgefühle. Bei den Pflanzen ist das sogar noch sehr viel auffälliger: Sie verbergen zwar ihren Kopf in der Erde (ganz sicher nicht aus Scham), recken uns dafür ostentativ ihre Genitalien als sehenswerte Blüten entgegen. Mindestens die Bienen wissen das zu würdigen. Ich hoffe, du inzwischen auch.

Im Vorfeld habe ich bereits über die Biorhythmik berichtet. Jetzt wird die Symbolik der althergebrachten Tugendwege zeigen, wie hoch differenziert die Liebesauswahl gerade davon abhängig wäre, wenn … Wohl dem, der sich bereits vor der Partnerwahl damit beschäftigt hat. Gehen wir doch einmal ganz systematisch die Tugendlisten durch, und zwar unter dem Siegel der

Zahlenverwandtschaften

Zahlenverwandt sind diejenigen, die einen harmonischen Zusammenhang erkennen lassen, wie im Folgenden dargestellt ist:

Die klein gedruckten Zahlen sind nur unter besonderen Voraussetzungen mit der Grundzahl verwandt. Besser ist es jedoch, sie gar nicht erst in die Überlegungen einzubeziehen. Als erste Vorwahl wäre folglich zu erforschen, ob ein ausgewählter Partner überhaupt infrage kommt.

22 zu 11 und 1; **11 zu** 22 und 1; **9 zu** 1, 18, 27; **8 zu** 1 und 2, 4, 16, 24; **7 zu** 14 und 21, 28; **6 zu** 12 und 3, 9, 18, 24; 7 zu 14 und 21, 28; **6** zu 3 und 9, 12, 15, 18, 24, 30; **5 zu** 10 und 1, 11; **4 zu** 8 und 4, 12, 16, 20, 24, 28; **3 zu** 6 und 9, 12, 15, 18, 21, 24, 27, 30; **2 zu** 4 und 6, 8, 10, 14, 12, 16, 18, 20, 22, 24, 26, 28; **1 zu** allen Zahlen von 2 bis 9. **Alle 2**-stelligen Zahlen werden natürlich als Quersumme berechnet.

Da wäre z. B. die 1. Sie ist die Zahl, die mit allen anderen einen Verwandtschaftsgrad hat; denn ganz gleich, welche Zahl wir ihr gegenüberstellen, in jedem Fall stehen die Quersummen harmonisch zueinander: 1 + 1 = 2; 1 + 2 = 3; 1 + 3 = 4 bis 1 + 9 = 10 = 1 usw.

Schau dir die Tugenden der einzelnen Zahlen noch einmal genau an. Der Einser hat es schwer, seinen Partner oder die Partnerin zu finden. Du wirst selbst entdecken, warum das so ist. Er hat praktisch eine so große Auswahl, dass er gar nicht weiß, für wen er sich entscheiden soll. Das ist, als würdest du durch ein ganz großes Warenhaus strolchen und fühltest dich von dem Superangebot wie erschlagen. Du kaufst also irgendetwas und meinst, zwei Tage später schon tauschen zu müssen. In Betracht ziehen sollte man ja auch noch die 12 Tugenden bzw. Untugenden und ihre 5 Grundeigenschaften. Ist der Einser klug, wird er sich den Partner suchen, der kein kompliziertes schweres Schicksal gewählt hat. Wenn doch, dann wie in diesem Falle die 9, denn 9 + 1 = 10 = 1. Es wäre die ideale Ergänzung für ihn: Aber bitte, die Geschmäcker sind verschieden. Das klingt sehr kompliziert – ist es ja auch. Aber tatsächlich ergänzen sich beide auf ideale Weise. Vergleiche nur beider Tugendwege: Selbstsucht als Entwicklungsweg zur Individualisierung hin zur göttlichen Ordnung; dazu die 9, die aus der Egozentrik hin zur Universalität strebt. Dazu die 1 als die göttliche Zahl schlechthin.

Die 2 als Partner der 1

Die Zahl der Verliebten und der Zweisamkeit hat vier verwandte Zahlen: 2, 4, 6, 8, und damit entsprechend viele Möglichkeiten der Auswahl. Hier kommt es jetzt darauf an, mit wie viel Mut der Zweier sich an die Schwierigkeiten der verschiedenen Partner herantraut. Will er einen Achter mit schwierigem Schicksal glücklich machen; oder hat er mehr die Intention des Sechsers, der seiner Zahl gemäß phonetisch entspricht? Will er die Zahl der Ordnung in sein etwas konfuses Leben bringen oder ist ihm die 2 als problemloser Zwilling lieber?

Letzteren kennt er schließlich aus seinen eigenen Empfindungen und Problemen. Die 4 mit ihrem extremen Ordnungssinn oder auch absoluten Gegenteil wäre für ihn, den Zweier, insofern schwierig, weil dieser Zartheit und Empfindsamkeit erwartet, was sein psychisches Empfinden erheblich belasten könnte. Die 1 als Partner mit den Tugenden der Einsicht und

Wahrheit lässt sich nahtlos als Gemeinschaft vorstellen. Ein Sechser mit der Neigung zum Ausgleich und zur Selbstdisziplin und Redlichkeit könnte zu einer festen Verbindung geeignet sein.

Die 8 als Partner der 1

Sie hat dagegen nur drei Möglichkeiten: nämlich die 2, 4 und 6. Als Zahl des Dienens ist sie kein ganz einfacher Partner. Zumal die 4 mit ihrem Ordnungssinn den Zweier zum Wahnsinn treiben kann. Ansonsten neigt ja unser Zweier zu Verständnis und Geduld, wenn er sich auch nur einigermaßen fortentwickelt hat. Sowohl die 2 als auch die 4 und 6 werden am ehesten mit dem schweren Karma der 8 fertig. Sein Tugendweg verläuft über sieben Hürden, die alle nicht so ganz einfach zu bewältigen sein dürften. Sein Verhältnis zum anderen Geschlecht ist problematisch, im positiven Falle jedoch unzerstörbar. Die 8 als Partner der 1 tut sich ein wenig schwer und vermag sich nur zu etablieren, wenn beide den esoterischen Weg einschlagen könnten. Dann jedoch kommt es zu sehr stabilen Eheschließungen.

Die 3 als Partner der 1

Ihre eigenen Partnerschaften sind 3, 6, 9. Das entspricht der Wurzel der Dynamik der 3; Kritikfähigkeit, Stetigkeit und Zuverlässigkeit stellen ihre hervorragenden Eigenschaften dar, die ohne Frage diejenigen der 1 ergänzen, wie etwa Redlichkeit, Hilfsbereitschaft und Großmut. Ehen in einer solchen Kombination kann man sich nur wünschen.

Die 4 als Partner der 1

Sie ist die Zahl der Sturheit beziehungsweise der Organisation und Ordnung, wenn sie denn in ihrer Reifung erreicht worden ist. Dann jedoch kann sie die 1 ergänzen und aus Einbildung und Lüge befreien. Die Milde der 1 ist wie ein Engel für die 4 als Erlösung aus Rücksichtslosigkeit und Unbelehrbarkeit.

Die 5 als Partner der 1 oder 10
Sie bringt in diese Partnerschaft Freiheit und Reinheit als Ergänzung zu Einsicht, Redlichkeit und Milde. Partnerschaften aus dieser Kombination unterliegen einer gewissen Labilität, weil sich auch die negativen Tugenden in gewisser Weise überlagern können.

Die 6 als Partner der 1 (3 und 9)
Ausgleich, Disziplin und Kameradschaftlichkeit ergänzen Redlichkeit und Hingabe. Als Partnerschaft führt diese Kombination zu reichlich **und befriedigendem Sex. Die 6** ist eben auch die Zahl des Sex.

Die 7 als Partner der 1, 14, 28
Sie ist die Zahl der Liebe, der Ruhe, des überlegten Handelns und des Frohsinns, mit der Möglichkeit, auf diese Weise aneinander zu wachsen.

Hier habe ich dir ein Beispiel niedergelegt, anhand dessen man nutzbringend die Liste der Tugenden zur Auswahl eines Partners rasch und ohne allzu viele Komplikationen aufstellen kann. Ich will dieses Kapitel nicht weiter ausführen, um dich nicht zu langweilen.
Mein Rat dazu: Du kaufst dir mein Buch »Biorhythmus im Rahmen der Kabbala« (RiWei-Verlag, Regensburg). Oder du jonglierst dich selbst hindurch. Viel Vergnügen!
Die weitaus meisten ehelichen Schwierigkeiten lassen sich auf die geschilderte Weise ursächlich leicht erkennen und überwinden, im positiven wie auch im negativen Falle. Ganz wichtige Ursachen für Unzufriedenheiten, eventuell bis zur streitbaren

Auseinandersetzung, liegen in Äußerlichkeiten begründet, und zwar Körperverformungen wie zum Beispiel die leidige Fettsucht. Meistens funktioniert der Sex nicht mehr oder er wird von der einen oder anderen Seite als lästig empfunden. In meiner Praxis ist mir in den über fünfzig Jahren nur ein (superfülliges) Ehepaar begegnet, das darüber lachte. Er:»Na wat denn, natürlich jeht dat bei uns wie zur Zeit der Jujend-Maienblüte.« Sie:»Er muss sich eben uff den Rücken lejen und icke setze mir oben druff, wat meinste denn, wie icke dann hoppeln kann, dann fliejen aber de Fetzen!« Leider jedoch verhält es sich meistens anders.

Das Problem wird heute noch weitgehendst verkannt. Es ist nicht nur die falsche Weise, wie man Nahrung zu reichlich und ohne Rücksicht auf die Verträglichkeit und deren Kombination zu sich nimmt.

In den letzten zehn Jahren hat sich etwas in unser Dasein geschlichen, was bis heute nur ganz am Rande wahrgenommen wird: Es handelt sich um die Vergiftung unserer Umwelt und unserer Nahrung. Weißt du zum Beispiel, wo sich diese Gifte im Menschen speichern? Nein? Sie wandern ins Fett, weil sie alle fettlöslich sind. Ist dir noch nicht aufgefallen, dass Abspeckkuren immer wieder als Jo-Jo-Kur bezeichnet werden? Drei Wochen benötigst du, um drei Kilo herunterzuhungern, und dann hast du 14 Tage ein gutes Gefühl und stellst fest, dass schon wieder dreieinhalb Kilo auf deinen Hüften wabbeln. Dem letzten verlorenen Kilo fügst du in den nächsten sieben Tagen noch ein weiteres halbes hinzu; du hast nun mehr als vorher »drauf« und deinen Mut verloren, noch einmal den Versuch zum Abnehmen zu starten. Das ist ein endloses Unternehmen, wenn du nicht begreifst, dass deine Bemühungen gar nicht greifen können, weil das vergiftete Fett sich deinen Bemühungen konsequent entgegenstemmt, und gar nichts rührt sich sodann von der Stelle. Damit der Körper an dem

Gift nicht stirbt, lagert er schleunigst wieder Fett an, und dazu eine ganze Menge Wasser, um das Gift zu verdünnen. Nach amerikanischen Statistiken entsteht auf der Welt alle 20 Minuten ein neues chemisches Gift. Das sind pro Kopf der Erdbevölkerung 500 neue Giftstoffe, und da wir ja essen müssen, sind wir Menschen Endverbraucher von Fleisch und Gemüsen, in denen dieser ganze Giftmüll enthalten ist. Das bedeutet, dass wir 500-mal so viel davon speichern wie unsere Fressvorgänger. Und all das landet bei uns im Fett. Von diesen Giften entstehen auf der Welt nach amerikanischen Berechnungen für 900 Milliarden Euro Gifte neu. Woher?, fragst du. Na ja, aus deinen Gardinen, den neuen schönen Tapeten oder der Wandfarbe, aus den Fußbodenbrettern oder dem Teppich, aus Lampenschirmen, Kunststofffensterrahmen, aus der Luft durch Flugzeugabgase, Kosmetik, Zahncremes, Seifen, Parfums, Hautcremes, Medikamente (selten ohne Quecksilber), Nahrungszusätze, Hormone, Milch, Käse, Quark, Joghurt, Butter, Margarine, Fleisch, Sperma, Leichengifte aus dem Grundwasser, Leitungswasser, Schwermetalle, Aluminium, Chlor, Fluor, Jod, Blei, Mangan, feuerhemmende Mittel, Industrieabfälle, Insektizide, Herbizide, Rodentizide, Obst, Gemüse, Brot, Getreide, Kaffee, Äpfel, Birnen ... Ich denke, das reicht erst einmal. Äpfel und Birnen werden 21-mal mit Giften besprüht, bevor sie auf dem Ladentisch landen. Kaffee und Getreide machen fünfzehn chemische Kuren durch, ehe sie verkauft werden dürfen. Von Apfelsinen und Bananen liegen mir leider keine Zahlen vor, aber ich bin fest davon überzeugt, dass sich bei ihnen ganz ähnliche Werte zeigen würden. Und, kaufst du dein Gemüse im Supermarkt ein? Worin trägst du das Zeug aus dem Markt heraus? Im Plastikbeutel, Weichmacher, all das landet bei dir im Körperfett, und du wunderst dich hoffentlich nicht mehr, warum du dein Fett nicht loswerden kannst. GUTEN APPETIT!

Was ist zu tun?, fragst du, und das mit Recht. Den Dreck zu entspeichern. Es existiert eine homöopathische Acht-Wochen-Kur, die natürlich in Deutschland nicht zugelassen ist. Die Kollegen, die sie entworfen haben, sind damit nach England gegangen. Du musst dich schon an mich wenden, damit ich eine Verbindung herstellen kann. Das wäre das eine, was du tun solltest; das andere liegt in der Auswahl der Lebensmittelhändler, die dir garantieren, dass die Ware nicht belastet ist: Biobauern. Inzwischen gibt es immer mehr davon.

Du weißt nicht, wie du das Ganze kontrollieren kannst? Schaffe dir ein Pendel oder einen Biotensor an. Beide sind zuverlässige Ratgeber und Kontrollinstrumente. Sie sind nicht mehr so teuer wie noch vor ein paar Jahren. Du musst dazu nur wissen, dass du nicht an das denken solltest, was du kaufen möchtest. Gewöhne dich beim Einkauf an einen Alltagsbegriff, wie etwa morgens an deinen **Zahnputzbecher** oder Ähnliches. Als Frau nimmst du den Faden deines Pendels zwischen Daumen und Mittelfinger, als Mann zwischen Daumen und Zeigefinger. Wenn du stehst, setze deinen rechten Fuß einen haben Schritt vor. Im Sitzen dürfen die Knie nicht im spitzen Winkel stehen. Richte deine linke Hand senkrecht und im Abstand von etwa 20 Zentimetern zu dem, was du kaufen möchtest, und halte ganz ruhig dein Pendel in der Mitte dazwischen. Schlägt er hin und her zwischen deiner Hand und der Ware, macht er also eine verbindende Bewegung, heißt das: Okay, das kannst du genießen. Macht dein Pendel jedoch eine trennende Bewegung, dann lass deine Wunschware lieber im Regal liegen, denn sie ist in irgendeiner Form für dich nicht zuträglich. Aber für den Partner auch? Das müsstest du extra austesten.

Soweit also ein kurzes Kapitel über Gifte in unserer Umwelt. Sicherlich ist das nur ein Bruchteil, aber ich denke, fürs Erste reicht das. Lies das von mir verfasste Buch »Dickerchen, was nun?«.

Töten?

Und nun zu einem nicht sehr guten Kapitel: die Liebe des Menschen zum Tier. Natürlich setze ich voraus, dass du kein Tierfeind bist. Wie unlängst geschehen, wurden Hunde mit Glasscherben gefüttert, die mit Hackfleisch vermischt worden waren. Das können unmöglich Christenmenschen gewesen sein, die als Kinder gelernt haben: »Du sollst nicht töten!« Oder was beißt mich da? Nein, ich meine Liebe. Ja, da staunst du, und es existieren da erheblich unterschiedliche Spielarten. Schau dir nur die Schlachthäuser an. Schon die Transportwagen der gequälten Tiere schreien!

Süchte

Ich denke da zum Beispiel an meine Lazarettzeit nach dem letzten Zweiten Weltkrieg, Tatort: Reservelazarett Elbschlossbrauerei, Hamburg. Einer der älteren Mitpatienten verschwand jeden Abend für zwei Stunden. Neugierig gewordene Kameraden folgten ihm schließlich. Heraus kam bei der Geschichte, dass er zu einer jungen Eselin schlich und mit ihr kopulierte. Damals als junger unerfahrener Mann habe ich ihn mit den anderen verspottet und gelacht. Das tut mir heute noch leid. Effektiv aber war das reiner Sex; immerhin unter Umständen, die ihn süchtig gemacht haben. Heute weiß ich, dass er Wesenheiten durch sein Tun schöpfte, die ihn immer wieder dazu zwangen, diesen nicht normalen Akt und ohne Liebe zu vollziehen. Stichwort: Egoismus und Besessenheit. Du siehst nicht mehr nach rechts und links und merkst nicht einmal, wie du dich lächerlich machst. Hilflos folgst du deinem falsch laufenden Schicksalsgleis. Wie viele solcher Existenzen füllen die psychiatrischen Kliniken!

Gleiches habe ich als 12-jähriger Knabe mit einem in der Schule neben mir sitzenden Schüler erlebt. Ich nenne ihn mal Karl-Heinz, er war Heimkind und hatte als solcher die Betreuung von Frischlingen, also neugeborenen Ferkeln, bekommen. Er war anscheinend sexuell schon sehr weit entwickelt und zeigte mir während des Unterrichts oft ganz stolz, wie stramm sein Glied aus dem Hosenbein herausguckte. So gestand er mir eines Tages, dass er mit einem seiner Schweinchen kopulierte. Ich fragte ihn, wie oft er das schon so machen würde. »Och«, erwiderte er, »das mache ich schon, seit ich hier in der Schule bin.« Mir war das Ganze sehr fremd und ich rechnete nach.

Das musste also ungefähr schon mit seinem 7. oder 8. Lebensjahr begonnen haben. Wenn ich das heute bedenke, was mag aus ihm geworden sein? Er war also schon als Knabe süchtig geworden und besessen. Diese geistigen Strukturen sind häufig Selbstschöpfungen und deswegen so stark, weil sie Teil des Selbst geworden sind, von dem sie genau wissen, wie die betreffende Person reagieren wird. Wenn man einen solchen Zyklus durchbrechen möchte, geht das aus eigener Kraft gar nicht mehr. Was erwartet solch einen Menschen, wenn er gestorben ist? Wer Negatives gesät hat, kann doch nur Negatives ernten. Seine selbst geschaffenen Geistwesen werden ihn ein Leben lang, auch jenseits, begleiten und wahrscheinlich belästigen. Nicht nur das ist die Folge. So ein Besessener zeigt vagabundierenden Verstorbenen Schwächen, die jene veranlassen, ihn auch zusätzlich zu besetzen. Andere Abhängigkeiten kommen folglich, in welcher Form auch immer, häufig dazu.

Meine Frau hat sich mit solchen psychisch Gestörten oft genug auseinandergesetzt, um sie davon zu befreien. Die große Frage ist nicht, ob man sie davon befreien kann. Denn man kann. Die Frage lautet: Finden sie Hilfe, wissen sie, dass es diese gibt? Oft sogar wollen sie nicht einmal Hilfe. Wir haben es mehr als einmal erlebt, dass jemand Befreites sagte: »Ich fühle mich plötzlich so ganz allein und einsam.«

Als ein weiteres Sexsucht-Erlebnis traf ich im Urlaub einmal am Rande eines Waldes einen Mann (ein Patient von mir), der fast nackt vor einem Wespennest saß. Er hatte sein bestes Stück mit Honig eingeschmiert und ließ die Insekten beglückt daran fröhlich naschen. Wenn aber der Honig verspeist war, wollten die Tierchen auch noch eine Fleischmahlzeit gratis dazu erhalten und bissen kräftig zu. Auch das ertrug er offensichtlich mit Behagen, und um dem Reiz vollends Genüge zu tun, tippte er den Wespen auch noch auf den Rücken, die ob dieser Störung zustachen, aber weiterfraßen. Sein Glied war ob der vielen Stiche dick geschwollen, und er wollte von mir wissen, ob ich nicht ein Mittel wisse, wie man die Schwellung rasch zurückbringen könne. »Sie sind doch Heilpraktiker.« »Ich verriet es ihm auch, konnte ihm jedoch die Konsequenzen seines Tuns nicht vorenthalten. Außerdem sagte ich zu ihm: »Ich denke, sie sind getraut und verheiratet. Wie kann es sein, dass ich sie hier in der Landschaft mit solcher Beschäftigung vorfinde?« – »Ach wissen Sie, ich habe eine bezaubernde, schöne und empfindsame Frau und ich liebe sie; aber wenn ich häufiger Sex möchte, muss ich erst drei Tage vorher beginnen, Schmusi zu machen, sonst wird nichts draus. Das hier geht, wenn ich es will, ruck, zuck, und während ich hier sitze, stelle ich mir vor, dass meine Frau mich sexuell verwöhnt, und hinterher bin ich wieder der Alte.«

Ist es wirklich möglich, auf diese Weise Liebe und Sex zu trennen und wieder zu verbinden? Normal ist sein Verhalten keineswegs; aber welche Auswege mögen viele andere Männer suchen, um ihrem Sex gerecht zu werden? Ich denke dabei an Männer in Kriegsgefangenschaft, in Kasernen oder in Gefängnissen. Sind sie sich bewusst, dass sie eine Besessenheit vermeiden, wenn sie sich, wie in diesem Fall, eine vertraute Partnerin dazu vorstellen? Tun sie das ohne eine entsprechende intensive Vorstellung, sind sie Schöpfer eines Homunkulus, der sie zwingt, immer wieder Gleiches zu tun. Ist es immer der Grund für eine Sucht, gleich welcher Couleur?

Jahre später sah ich einen etwa 30-jährigen Mann auf seinem häuslichen Rasen hocken. »Was machen Sie denn da?« Zuerst wollte er mit der Sprache nicht herausrücken, doch ich sah um ihn herum lauter kleine Ameisen laufen. »Menschenskind, die beißen Sie doch!« – »Ja, ja, ja, das sollen sie auch, das gibt mir einen tollen Orgasmus.« – »Wie oft machen Sie das schon?« – »Zweimal im Herbst, wenn die Viecher schwärmen.« – »Also auch schon Jahre?« – »Ja, das ist wohl richtig.« – »Aha.« Du kannst dir vorstellen, was ich ihm über Sucht erzählt habe. Auch die großen Waldameisen hatte er schon probiert, aber die waren ihm dann wohl doch zu aggressiv gewesen. Natürlich entwickelte sich auch bei diesem Herrn ein ähnliches Gespräch. Bei einer späteren Konsultation gestand er, dass er nach einer weiteren Exkursion in diese Richtung sein falsches Verhalten eingesehen habe und sich für geheilt empfinden würde.

Eine Patientin beschwerte sich bei mir, sie habe in ihrem Hause Fliegen, die so bissig seien, dass sie nicht schlafen könne. Ich riet ihr zu lüften. Sechs Wochen später kam sie zu mir und verkündete, sie habe eine tolle Methode gefunden, die Fliegen brav zu halten. »Wenn ich morgens aufwache und die Viecher anfangen zu vagabundieren und zu beißen, dann schlage ich meine Bettdecke so zurück, dass ein Oberschenkel und mein Genital frei liegt. Warum die Tierchen das tun, weiß ich nicht, aber sie stürzen sich auf diese Gegend und beißen sich dort zum Teil für längere Zeit fest, und davon bekomme ich mindestens drei bis vier Orgasmen, tolle Sache!«

Auch sie klärte ich über die Folgen ihres Tuns auf. Ob sie es jedoch ernst genommen hat, weiß ich leider nicht. Egoismus und Besessenheit sind unweigerliche Folgen.

Eines Abends saß ich vor dem Fernseher und zappte durch die miesen Programme, da stieß ich auf einen kleinen unbekannten Sender. Die Sendung handelte von einer Affenforscherin, die sieben Jahre im Busch mit einer Affenfamilie gelebt hatte. Der ungeschminkte Bericht zeigte die nahe Verbindung dieser Frau zu den Orang-Utans. Fast alles hatte sie filmisch dokumentiert. Schließlich berichtete sie, wie sie mit dem Leittier kopuliert hatte. Ihr Bericht dazu besagte, dass dieser Akt so lang und so zärtlich gewesen sei, wie sie es vom Verhalten eines Mannes niemals erlebt habe. Außerdem sei die Länge dieser Kopulation gut eine Stunde lang gewesen, ein Himmel auf Erden. In der

Folge, auch filmisch dokumentiert, wurde eine Entbindung, ohne Schmerzen und Beschwerden, von einem weißhaarigen Affenbaby gezeigt, dessen Verhalten leider nicht mit dem normaler Affenbabys mithalten konnte; es wurde sehr krank und starb nach kurzer Zeit. Der Vater des Babys war daraufhin wütend, gab wohl der Frau die Schuld und trennte sich von ihr. Ein Kummer, den diese Frau nicht überwinden konnte. Sie verabschiedete sich daraufhin endgültig vom Buschleben. In diesem Fall ist offensichtlich echte Liebe mit im Spiel gewesen. Ein Akt hatte sich vollzogen, von dem man meinen könnte, dass es nicht möglich sei. Was alles könnten wir von unseren Vettern aus dem Busch wohl noch lernen?

Als Schlussstein sei ein Kapitel gesetzt, welches allgemein immer nur hinter vorgehaltener Hand besprochen wird. Es handelt sich um die Abtreibung.

Abtreibung

Was wisst ihr Mädchen und Frauen schon über dieses finstere Kapitel? Nichts ist euch bekannt. Es wird euch erschrecken. Die Vorbereitung zur Implantierung eines Fötus in die Gebärmutter gleicht in etwa dem Einsteigen eines ausgewachsenen Menschen in ein Ein-Mann-U-Boot. Sicherlich wirst du dir vorstellen können, dass ein solcher Akt nicht ohne Vorbereitung stattfinden kann. Tatsächlich bedarf diese wichtige Unternehmung der Vorbereitung in drei verschiedenen Stufen.

Als Erstes muss der Anwärter oder die Anwärterin eine psychische Schulung von drei Jahren absolvieren, in der gelehrt wird, wie Außenreize unterschiedlichster Qualität in die Gebärmutter hinein aufgenommen werden müssen. Stell dir vor, sie beginnt bei den zukünftigen Eltern mit Streit und übler Laune, das ist dann der gespeicherte Eindruck von dem, was dich auf der Welt erwartet; oder dein Empfang wird mit liebevoller Erwartung vorbereitet. Der Vater ist vielleicht Mathematiker, Wissenschaftler, Handwerker oder Musiker. All das teilt sich dem Fötus mit und prägt sein späteres Leben. Die Mutter in spe spielt dir als Fötus Mozart, Bach oder Musik anderer Künstler vor; der Vater ist möglicherweise nicht musikalisch, dafür wirst du von ihm mit schlauen Büchern gefüttert. Folglich entwickeln sich bei dir ein reger Geist und eine klare gute Sprache. Außerdem wird dem Aspiranten vermittelt, wie man seine geistige, mehr oder minder entwickelte Reife in die Materie hinüberzuretten vermag. Vorsorglich bringst du deine zukünftigen Versorger vorausschauend mit einer guten Hebamme oder einem Arzt in Verbindung. Des Weiteren wird der Geist geschult, wie er durch Verkleinerung seines Geistkörpers in den Fötus hineinkommt, was ganz sicher nicht einfach mal so eben möglich ist, ohne dabei seine Persönlichkeit zu verwringen. Eine kleine Ungeschicklichkeit dabei entscheidet, ob die Geburtslage imstande ist, die Mutter bei der Entbindung zu gefährden. Jede Hebamme weiß darüber ein Lied zu singen. Hat man aufgrund der Elternqualität eine Operation in Kauf genommen, sollte man über die Mutter für einen guten Chirurgen sorgen. Auf jeden Fall versucht man, weil man es (jenseits) besser weiß, den begleitenden Arzt während der Schwangerschaft von der Ultraschall-Diagnose abzubringen, da dort bekannt ist, welche bleibenden Lebensschäden meistens dabei entstehen.

Darüber hinaus muss der Aspirant oder die Aspirantin lernen, was Atmung ist und was sie bedeutet. Gewiss wird auch auf der anderen Seite des Lebens geatmet, aber das ist meiner Erfahrung nach völlig anders, als wir Erdlinge das hier auf der Erde tätigen. Der Wechsel von Sauerstoff, CO_2 und H_2CO_3 will begriffen werden. Nicht umsonst ist der erste Schnaufer beim Erscheinen eines Kindes gleich nach der Geburt so wichtig. Dabei wird die Ernährung über die Nabelschnur (leider meistens viel zu früh) unterbrochen, was augenblicklich den ersten Atemzug bedingt. Auch hier spielt ein grober klinischer Irrtum eine böse Rolle: Die Nabelschnur wird um Stunden zu früh gekappt. Wie weiche ich dem ungeheuerlichen Lärm des Ultraschalls und der Bedrohung durch den angsterregenden riesigen Spieß bei der sogenannten Aminocentese aus?

Das alles und noch vieles andere mehr an Kleinigkeiten für die Reise auf die Erde muss erlernt und verarbeitet werden. Und nun entschließt sich eine Mutter oder zwingt sie eventuell auch der Vater, die Schwangerschaft abzubrechen. Kannst du dir vorstellen, was das für eine Katastrophe ist? Die Vorbereitung auf die Möglichkeit der Reifung ist für eine lange Zeit unterbrochen. Wer das weiß, braucht nicht Katholik zu sein, um einen solchen Akt als Mord zu begreifen. Das ist vergleichbar einer sehr großen Erbschaft, die einem plötzlich durch eine Währungsreform total verloren geht.

Auch für das Aussetzen eines Neugeborenen fehlt auf der anderen Seite des Lebens jedes Verständnis. Die schlimmsten Folgen nach einem Schwangerschaftsabbruch stellen jedoch die Prägungen in das bereits voll vorhandene Unterbewusstsein dar. Diese werden mit in die nächstfolgende Inkarnation hinübergeschleppt. Das bedeutet, dass der oder die Betreffende asexuell, frigide, kaltherzig, wütend, nachtragend, berechnend, schlicht mit fast allen Untugenden in extremer Form gezeichnet sind. Rachegefühle bei all diesen Belastungen bilden in der Regel den Vordergrund, ohne zu wissen, warum denn überhaupt. Partnerschaften werden auf diese Weise von vornherein mit Misstrauen eingegangen.

Hinzu kommen aber noch viel schwerwiegendere Veränderungen der Persönlichkeit, wie Besessenheiten mit Charakterschwäche und Uneinsichtigkeit. Erst kürzlich ist mir in der Praxis ein solcher Fall zur Kenntnis gekommen. Eine Ehefrau, die schon mehrfach von Besetzungen erlöst worden war, zeit ihrer Ehe Lieblosigkeit ausgestrahlt und über zwei bis drei Monate sexuellen Verkehr angeblich erduldet hatte, drängt plötzlich mit aller Konsequenz auf eine Trennung, ohne zugeben zu wollen, dass sie schon wieder besessen ist. Sie lebt ohne Freunde, vergrätzt sich die eigenen drei Kinder und den Mann wie auch die Nachbarn. Sage mir bitte, wie soll das ein Mensch überwinden und von sich abwerfen, zumal sie von der Ursache nichts wissen will?

Über Jahrzehnte, wenn nicht ein ganzes Leben lang, begleitet so ein armes »Würstchen« die Geißel einer Abtreibung. Wie kann ein Mann mit einer solchen Liebesruine fertig werden? Verantwortung? Ach, was bedeutet so ein kleines unbedeutendes Zellhäufchen schon, was man da ausschwemmt? Das kann doch gar nicht so schlimm sein. Und was ist denn die Psyche? Doch alles Spinnerei?! Habe ich gerade im Fernsehen mitbekommen, da hat doch Professor ... Jawohl, so ähnlich verlaufen sehr oft Gespräche über dieses Thema.

Tugenden

Wer sich jedoch an den altüberlieferten Tugenden orientiert, wird eine Abtreibung und eine Kindesaussetzung gar nicht erst in Erwägung ziehen. Dazu hier eine Liste der Tugendwege als Kurzorientierung. Als Übersicht der Tugenden gebe ich dir im Folgenden eine kurze Zusammenfassung. Du kannst auf diese Weise immer leicht und schnell kontrollieren, ob du die Hürden auf deinem speziellen Lebensweg bewältigt hast. Es soll dir eine Hilfe für dein körperliches, geistiges und seelisches Wachstum sein.

1 Selbstsucht/Individualisierung, Uneinsichtigkeit/Einsicht, Verstocktheit/Reue, Stehenbleiben/Umkehr, Lüge/Wahrheit, Unredlichkeit/Redlichkeit, Habsucht/Verzicht, Drückebergerei/Opferbereitschaft, Unhöflichkeit/Höflichkeit, Härte/Milde, Kleinmut/Großmut, Ungeduld/Geduld, Zweifel/Hingabe.

2 Selbstentäußerung/Anpassung, Unverantwortlichkeit/Verantwortlichkeit, Unverständnis/Verständnis, Unfreundlichkeit/Freundlichkeit, Feindseligkeit, Furchtlosigkeit, Schädigen oder Verleumden/Nichtschädigen oder -verleumden, Furchthaben oder -machen/Friedfertigkeit.

3 Oberflächlichkeit/Selbstausdruck, Unordnung, innere und äußere/Ordnung, innere und äußere Leichtfertigkeit/Überlegung, Kritiklosigkeit/Kritikfähigkeit, innere Schwäche/innere Stärke, Unstetigkeit/Stetigkeit, Untreue/Treue, Unbedachtsamkeit/Bedachtsamkeit, Unzuverlässigkeit/Zuverlässigkeit, Weichlichkeit/Festigkeit, Überheblichkeit/Tiefgründigkeit.

4 Sturheit/Organisation, Dummheit/Klugheit, Unbelehrbarkeit/Lernbereitschaft, Stumpfheit/Gedankenschärfe, Rücksichtslosigkeit/Rücksicht, Unberechenbarkeit/Berechenbarkeit, Verschlossenheit/Offenheit.

5 Genusssucht/Ausgleich, Konsum/Gebrauch, Begier/Nichtbegier, Unreinheit/Reinheit, Schamlosigkeit/Scham, Unfreiheit/Freiheit, Genusssucht/Genuss.

6 Tyrannei/Ausgleich, Disziplinlosigkeit/Disziplin, Unlogik/Logik, Destruktion/Konstruktion, Unkameradschaftlichkeit/Kameradschaftlichkeit, Unausgeglichenheit/Ausgeglichenheit.

7 Zurücknahme/Weisheit (Selbsterkenntnis), Hast/Ruhe, unüberlegtes Handeln/Überlegung, Trübsinn/Frohsinn, Kränkeln/Gesunden, Nichthandeln/Handeln, Krankheit/Gesundheit, Verschlossenheit/Offenheit.

8 Nachträgerei/materielle Freiheit, Ungeduld/Geduld, destruktive Kritik/konstruktive Kritik, Unbescheidenheit/Bescheidenheit, Kleinlichkeit/Großzügigkeit, Gekränktsein und Kränkeln/Heilen, Ordnen und Anordnen, sich und andere ärgern/sich und andere nicht ärgern, äußere Schwäche/Kraft, materielle Unfreiheit/geistige Freiheit, Nachtragen/Verzeihen.

9 Egozentrik/Universalität, Genusssucht/Hingabe, Materialismus/Esoterik, Protzigkeit/Feinfühligkeit, Rücksichtslosigkeit/Rücksicht, Zotigkeit/Humor, innere Kleinheit/Universalität, Egozentrik/soziales Verhalten.

11 Fanatismus/Offenbarung, Sturheit/Beweglichkeit, Verführung/Führung, Anstifterei/Lehren, innere Blindheit/Offenbarung, Kleinmut/Großmut, Fanatismus/Freizügigkeit.

22 Anstifterei/materielle Meisterschaft, Schadenfreude/Freudbereitschaft, Feigheit/Leidbereitschaft, Disharmonie/Harmonie, Anstifterei/Anleitung, materielle Abhängigkeit/Meisterschaft, geistig und materiell.

Es handelt sich bei dieser Aufstellung nicht um Ausschließlichkeiten. Natürlich kann jeder empfänglich sein für irgendeine dieser Tugenden oder Untugenden dieser Liste. Sie zeigt ausschließlich Charakterentwicklungswege, die besonders für den Inhaber dieser Geburtszahl infrage kommen. Dazu sei angemerkt, dass Tugenden keine Eigenschaften im Sinne dieses Wortes sind. Sie verhalten sich zu dem entsprechenden Schicksal wie ein Leitseil der Bergsteiger. Du kannst es nutzen, aber du musst es nicht.

Erfahrungsgemäß hat sich mir immer wieder der große Vorteil für die Entfaltung einer Persönlichkeit gezeigt. Ich kann sie jedenfalls jedem wärmstens ans Herz legen. Nicht umsonst folgten unsere Altvordern diesen Tugendwegen und waren sehr ausgeglichen und glücklich damit.

Neben all den bislang erörterten Voraussetzungen für das Erleben echter Liebe möchte ich einen dringenden Appell an die Jugendlichen richten. Kinderchen, was macht ihr denn da bloß? Da geht ihr in die Disco und jeder tanzt für sich alleine. Lieber Gott, verzeih ihnen; aber wie sollen die unreifen Früchtchen Liebe lernen, wenn nicht im Partnertanz? Mal eben eine Biene flachlegen, und die kann ja hinterher gleich abtreiben. Das ist eitel Egoismus und Terrorismus – extreme Ausdrucksform:»Ich weiß, dass ich recht habe, also muss folglich der andere unrecht haben.« Das ist die Vorstufe zum **Zorn**. Als Gegenspieler der Liebe ist er geboren, und Ereignisse wie i n Winnenden, bei denen mal eben 15 Menschen ihr Leben lassen mussten, sind die unmittelbare Folge. Der große Hintergrund dafür ist ein tiefes schwarzes Loch religiöser Natur: Warum verehren wir nicht mehr die Mutter Erde? Es hat Zeiten gegeben, die zur Blüte der beteiligten Menschen geführt haben (2000–1000 v. Chr. zum Beispiel). Wirtschaft und Kommunikation befanden sich in der Hochblüte religiöser Urorientierung. Über 3000 Kathedralen sind in dieser kurzen Zeitepoche von der **Bevölkerung** gebaut worden, deren Namen fast alle der »lieben Frau« gewidmet wurden. Sollten wir nicht versuchen, schleunigst den Gott des Krieges und der Eitelkeit zu vergessen, zugunsten der hegenden und bewahrenden Liebe der Mutter Erde? Die Frau sollte nicht weiter zum Lustobjekt degenerieren dürfen. Sie ist schließlich Ursache **jedes** Menschenlebens. Es darf nicht sein, dass die Frau nach Eurogesetz dem Manne gleich sein soll. Das ist pervers!

Den Zweck, dir eine freundschaftliche Übersicht über das Thema Liebe zu ermöglichen, habe ich, so meine ich, erreicht. Mir bleibt nur der Wunsch, nimm es hin in deine Hände und mach was daraus; vor allem eine glückliche Partnerschaft, der Menschengemeinschaft verpflichtet. Was wärest du ohne sie?

Dein Leben ist Geben –
ob Last oder Segen,
es kommt dir das Schicksal
nur fordernd entgegen.
Und hättest du nichts
als ein Lächeln voll Güte
und eine am Feldrain
gefundene Blüte,
so steht doch im Buche
des Lebens geschrieben
in flammenden Lettern:
Dein Leben sei Lieben!

Vater unser, der DU bist – Himmel und Erde,
Vater und Mutter, DU und ich.
Heilig ist DEIN sein, DEIN Reich komme nach DEINEM
Willen,
auch auf Erden, wie im Himmel.
Unser täglich Brot gib uns und geleite unser Irren,
auf dass wir lernen zu verzeihen;
führe uns auch durch die Versuchung, auf dass wir reifen auch
am Üblen:
Für DEIN Reich in Kraft und Herrlichkeit in Ewigkeit.

AMEN

Kommentar zu den vier Strahlungsbildern

Auf den vier Abbildungen sind geistig empfangene und überwältigend schöne farbige Strahlungsbilder dargestellt, empfangen von einer meiner fortgeschrittenen Schülergruppen. Wir haben uns jedes Mal zusammengesetzt, um die Bilder zu vergleichen. Eine fast hundertprozentige Übereinstimmung hat sich bei jedem der vier Bilder ergeben.

Bild 1 wurde von der Gruppe empfangen, während ich gezeichnet und das *Vaterunser* nach St. Michael gebetet habe.

Bild 2 habe ich alleine empfangen in der Basilika in Altenkrempe, während eines herkömmlichen *Vaterunser*, gesprochen von der Gemeinde.

Bild 3 wurde wieder von der Gruppe in meiner Praxis, nach altem Muster gesprochen, während ich alleine meditierte. Die gemeinsamen Zeichnungen wurden danach verglichen und zeigten weitgehende Übereinstimmung.

Bild 4 wurde meditativ von der Gruppe gesprochen nach dem *Vaterunser* nach der Überlieferung von St. Michael.

Es ist auffällig, wie sich die wunderbaren Farben nach den zwei unterschiedlichen Gebetsformen kaum voneinander unterscheiden, wohl aber in ihrer äußeren Darstellung. Als Erklärung dafür nehmen wir an, dass sich die alte Gebetsform durch 2000 Jahre Sprachentwicklung so sehr verformt hat, wie ersichtlich bei Bild 1 und 4.

Nach meinem eigenen Empfinden halte ich die neue Form dieses wichtigen Gebetes für sinnvoller.

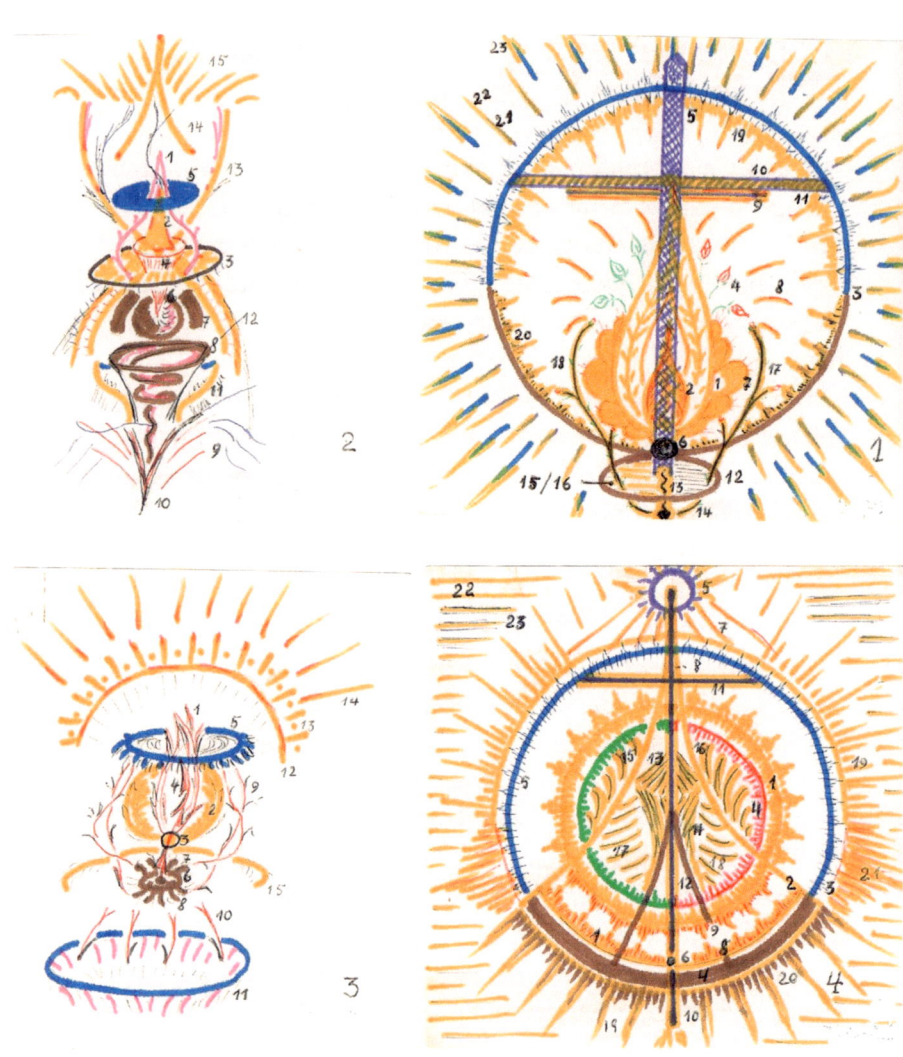

110

Inhaltsverzeichnis

111

Weitere Bücher vom Autor

Berthold Chales-de Beaulieu

Medizynische Aspekte

Berthold Chales-de Beaulieu
RiWei Verlag
www.riwei-verlag.de

Eine zeitkritische Betrachtung medizinischer Probleme
in einer etwas humorvollen und schonungslosen
Version

Ein Wanderer
Zwischen
Zwei Welten

Satori-Verlag GmbH
Postfach 20 04 54
93063 Regensburg
ISBN 3-89758-294-5
Best.-Nr. SA.297

Lebendig steht er dir gegenüber, »der große Alte Ostholsteins«. Seine Schüler haben ihn gedrängt, sein umfassendes Wissen über die Verbindung von Alltag und Esoterik preiszugeben. Für jeden verständlich wird aufgezeigt, über welche natürlichen Voraussetzungen er zur heutigen Persönlichkeit herangereift ist; zu einem Vorbild, für das es sich lohnt, ihm nachzueifern. Ohne Schönfärberei wird all das anhand von

Erlebnissen aus Kindheit, Jugend und Erwachsenenalter belegt. Als Erster hat er einen aufsehenerregenden Artikel veröffentlicht, der vor der Giftigkeit von Amalgam warnt. Der Richard Pflaum Verlag hat diesen 1969 in drei Auflagen gedruckt und herausgebracht. Er wurde Zeitzünder für die heute verbreitete Diskussion über die hohe Giftigkeit dieser Zahnfüllungen. In der Schweiz und Kanada sind diverse Übersetzungen erschienen. Der Verfasser hat bis zum Kriegsende Chemie, Physik und Mathematik studiert; u. a. war er Schüler Max Plancks. Seit nunmehr 53 Jahren führt er eine der bekanntesten Heilpraktikerpraxen mit Beziehungen nach China, Japan, Australien, England und Amerika.

Der Chronist Dr. Rudolph Rabe

Der
Vergessene
Schritt

Satori-Verlag GmbH
Postfach 20 04 54
93063 Regensburg
ISBN3 89758-272-4
Best.-Nr. SA.272

Der Autor ist nicht nur ein Wanderer zwischen zwei Welten, er hat sich auch bereitgefunden, einen Weg für dich zu öffnen, den du in der Lage bist, ohne Schwierigkeiten zu beschreiten, um das, was wir mit Jenseits bezeichnen, kennenzulernen.

Wie er sagt: Notwendig ist absolute Selbsterkenntnis bezüglich Reinheit von Körper, Seele und Geist. Er verlangt vom Schüler keine gymnastischen Verrenkungen, Yoga und vorgeformte Rituale. Er selbst ist schwer kriegsbeschädigt mit einer Oberschenkel-Beinamputation.

»Sieh mal, all das kann ich doch auch nicht, und trotzdem habe ich es geschafft«, lautet sein Motto. Du musst nur am Ball bleiben!

Wichtig ist allerdings eine Umstellung deiner Lebensgewohnheiten; aber das wirst du alles aus diesem Buch erfahren. Er wünscht dir viel Freude und Erfolg.

TIERE DIESSEITS

TIERE JENSEITS

Berthold Chales-de Beaulieu

Satori-Verlag GmbH
Postfach 20 04 54
93063 Regensburg
ISBN 3-89758-297
Best. Nr. SA.297

In diesem kleinen Büchlein versucht der Autor, dem Leser verständlich zu machen, inwieweit dem Menschen das Verhältnis zum Tier entglitten ist. Da der Autor dieses Problem auch von der anderen Seite des Lebens erlebt hat, ist er in der Lage, erschöpfende Auskunft zu geben über die Folgen, die sich die Menschen durch ihr Fehlverhalten einhandeln.

Durch Max Planck wissen wir heute, dass die Bausteine der Materie nur aus geronnener Energie bestehen. Wir Lebewesen stehen also insgesamt ständig in einem vernetzten Energieaustausch. Man spricht heute schon von Gruppenvernetzung mit Mensch, Tier und Materie. Aus der Musik ist uns das längst geläufig. Harmonie und Disharmonie entscheiden über einen Gleichklang. Wo ist wohl in einem Versuchslabor oder im Schlachthaus dieser Gleichklang zu finden? Lebt der Mensch überhaupt noch im Einklang mit seiner Umwelt? Resonanz ist höchste Effizienz im Sinne der Kommunikation mit unserer Umwelt, also auch mit den Tieren. Sollte das wohl Sinn unseres Daseins sein oder sind wir schon so gleichgültig und verroht?

Wie heißt es doch in der Bibel:»Du sollst nicht töten.« Na, wo seid ihr denn, ihr Christen?

Biorhythmik
auf
kabbalistischer Basis

Berthold Chales-de Beaulieu

RiWei Verlag GmbH
Postfach 20 04 54
93063 Regensburg
www.riwei-verlag.de
Best.-Nr. SA.2281

Der Autor ist nicht nur ein Wanderer zwischen zwei Welten. Ihm ist bei seinen Wanderungen nicht entgangen, dass unser Leben nach strengen rhythmischen Verhältnissen verläuft. Er hat in dieser Abhandlung versucht, die für uns scheinbar komplizierten Abläufe sichtbar und verständlich darzustellen. Kleine Divergenzen hat er im Sinne der Klarheit in Kauf genommen.

Auf diese Weise liegt ein handliches und für den Alltag brauchbares Buch vor Ihnen, das sinnvolle Auskünfte zu geben vermag über Sport, Verkehr, Operationen, Sex, Eheschließungen, Ehescheidungen, Krankheiten und vieles mehr. Man ist für alles in die Lage versetzt, optimale Zeitfenster zu ermitteln. Schon Professor Sauerbruch hat diese Technik benutzt, um Operationen mit großem Erfolg durchzuführen.

Vor Ihnen liegt ein Ratgeber für viele wichtige Lebenslagen.

DICKERCHEN,
WAS NUN?

Nur erhältlich in meiner Praxis
Tel.: 04564 311; 10.00–12.00 Uhr

Wie viele Diätformen mögen Sie bereits hinter sich gebracht haben, ohne Dauererfolg? Jetzt stehen Sie ratlos vor diesem kleinen Ratgeber. Besteht überhaupt die Möglichkeit, das Gewicht zu reduzieren? Sich um Kilos zu erleichtern? Ein ganzer Rucksack voll mit Butterpaketen sollte mittels dieser Anweisung abgenommen werden können? Ja, die Möglichkeit besteht! Ich kenne Ihre Sorgen aus eigener Erfahrung. Wie Sie habe ich mit etlichen Versagern gekämpft. Schließlich entdeckte ich das Prinzip des Abnehmens und reduzierte, ohne mich zu verbiegen, von zweieinviertel Zentnern auf heute 76 Kilogramm. Allerdings ging das nicht im Verlauf von sechs Wochen; und das war auch gut so, denn ein schnell verlorenes Gewicht ist auch schnell wieder aufgenommen. Allerdings müsste neuerdings auch noch das Problem GIFTE besprochen werden. Das war damals noch nicht so akut. Trotzdem: Wie es funktioniert, können Sie aus diesem Büchlein herauslesen.

Guten Appetit!

KABBALA
ZUKUNFT
IN RAUM und ZEIT

Berthold Chales-de Beaulieu

RiWei Verlag GmbH
Postfach 20 04 54
93063 Regensburg
www.riwei-verlag.de
Best.-Nr. SA.296

eines Zusammenhangs zwischen der »Kleinen« und der
»Großen« Kabbala.

Extensive Errechnungstabellen sowie Deutungen der Zahlen-
kombinationen und Charakteranalysen sind inbegriffen. In
einem einleitenden Teil wird auf Ursprung und Bedeutung der
möglichen Erkenntnisse eingegangen, die aus den Deutungen
zu erkennen sind.

Nicht vernachlässigt wird ein wissender und erfahrener esoterischer Hintergrund.

Wunder Wirbelsäule

Berthold Chales-de Beaulieu

RiWei Verlag GmbH
Postfach 20 04 54
93063 Regensburg
www.riwei-verlag.de
Best.-Nr. SA.292

Diese Broschüre befasst sich nicht nur mit der Linderung örtlicher Schmerzen des Haltungssystems, sondern der Autor sieht den Menschen als ein Gesundheitssystem. Nicht nur durch gezielte schmerzlose Manipulationen und körperliche Übungen ist er in der Lage, mit wegweisenden Ratschlägen Haltungsschäden und Einstellung im Leben zu verbessern. Körper, Seele und Geist bedürfen bei ihm in jedem Falle zuerst einer Entgiftung. Durch intensive zusätzliche Atemtherapie hat er große Erfolge mit Skoliosen und Wirbelsäulenverkrümmungen, ganz gleich welcher Ursache. Atmung, Wasser und Nahrung werden bei ihm grundsätzlich in die Therapie mit einbezogen.

MEINE
GARTENGEISTER

Berthold Chales-de Beaulieu

RiWei Verlag GmbH
Postfach 20 04 54
93063 Regensburg
www.riwei-verlag.de
Best.-Nr. SA.277

Gespräche mit Naturwesen seines Gartens hat der Autor als Urlaubszeitvertreib aufgezeichnet, und das nicht nur phonetisch, sondern auch mit dem Zeichenstift. Stellvertretend für alle Pflanzengeister haben sie ihm Rede und Antwort gestanden.

Überraschend für uns Laien ist, dass diese Geister menschenähnliche Figuren haben, zwar nicht ganz nach unseren Schönheitsidealen, aber doch begabt und mit erheblicher Intelligenz.

Das Buch enthält über 50 Zeichnungen, in denen der Autor seine Gartengeister verewigt hat.

BIORHYTHMIK
AUF
Kabbalistischer Basis

RiWei-Verlag GmbH
Postfach 20 04 54
93063 Regensburg
www.riwei-verlag.de
Best.-Nr. SA.281

Neue umfangreiche, einfach verständliche und persönliche Forschungen, die es dem Leser erlauben, aktiv in das eigene Leben einzugreifen, Krisen zu vermeiden und die Zukunft steuernd zu gestalten.

Tiefe Einblicke in Eheschwierigkeiten und eine elegante Lösung derselben durch rechnerische und grafische Darstellung. Und dadurch Lösung des Schuldproblems bei Ehescheidungen.

ESOPHORA

Berthold Chales-de Beaulieu

RiWei Verlag GmbH
Postfach 20 04 54
93063 Regensburg
Best.-Nr. SA.273

Ein Monolog des Autors, in dem er sich mit den Alltagsproblemen seiner Schüler und Patienten befasst und dadurch ein ungewohntes Weltbild im zwischenmenschlichen Bereich inspiriert.

Selbst vor dem Tod scheut er sich nicht, ihn in seinem Ablauf sichtbar zu machen.

Eine tief im Bewusstsein anrührende Abhandlung.

Buchempfehlung
Bernstein & Heilkreide

Renate Petra Mehrwald

Serafinabox

Eine beachtliche Darstellung der Geschichte und Verwendung von Bernstein & Heilkreide